Gabi Decker & Jens Westerbeck

LASSEN SIE MICH DURCH, MEIN MANN IST ARZT!

Gabi Decker & Jens Westerbeck

LASSEN SIE MICH DURCH, MEIN MANN IST ARZT!

Die Gattin und andere schöne Berufe

orell füssli Verlag

© 2013 Orell Füssli Verlag AG, Zürich
www.ofv.ch
Rechte vorbehalten

Konzeption und Realisation: Ariadne-Buch, Christine Proske
Lektorat: Kathrin Nord
Umschlaggestaltung und Motiv: Hauptmann & Kompanie Werbeagentur, Zürich
Druck: CPI – Ebner & Spiegel, Ulm

ISBN 978-3-280-05515-1

Die Deutsche Nationalbibliothek verzeichnet diese Publikation in der Deutschen Nationalbibliografie; detaillierte bibliografische Daten sind im Internet über http://dnb.d-nb.de abrufbar.

MIX
Papier aus verantwortungsvollen Quellen
FSC® C006701
www.fsc.org

Inhalt

Vorwort

Herzlich willkommen. Mein Name ist Gabi Decker und ich hoffe, Sie hatten bis heute ein schönes Leben. Wenn nicht, können Ihnen dieses Buch und ich wohl auch nicht grundlegend helfen, aber die nächsten Stunden sollten zumindest lustiger werden, als einen Veganer mit Hackepeter einzureiben. Wobei das auch schon sehr lustig sein kann.

Meine Motivation, dieses Buch zu schreiben, ist: Ich bin jetzt 56 Jahre jung und befinde mich in einer Findungskrise. Und damit meine ich nicht die Suche nach meinem Haustürschlüssel im Rahmen normaler Altersdemenz, sondern die Suche nach neuen Möglichkeiten, meine beruflich angehauchte Freizeit sinnvoll zu gestalten. Die letzten Jahre habe ich damit verbracht, Quatsch zu machen. Mein Finanzamt führt mich als Komödiantin, was ich sehr freundlich finde. Rechts und links von mir sprießen aber so viele neue »Berufsfelder« für Frauen aus dem Asphalt, dass selbst Peter Lustig kurz davor ist, wieder in seinen Bauwagen zu ziehen, um der Welt zu erklären, warum so viele Frauen neuerdings nicht nur abends auf Kohlenhydrate, sondern tagsüber auch auf richtige Arbeit verzichten können. Und das bei vollem Lohnausgleich.

Habe ich alles falsch gemacht? Nach erzwungenen Schulbesuchen machte ich zwei schwachsinnige Lehren, wovon ich eine abbrach. Ich jobbte als Kellnerin, Zimmermädchen, Gesellschafterin, Autorin, Sängerin, bis ich Quatschmacherin wurde. *Heute frage ich mich, was ich noch machen könnte, um ein »wertvolles« Mitglied der Gesellschaft zu bleiben.*

Die Gazetten sind zum Beispiel voll mit c-prominenten Frauen, die sich als Schmuckdesignerinnen bezeichnen. Wäre das auch was für mich? Ich bin geschickt mit meinen Händen und habe viele Kontakte zu Personen, die es nicht sind und mir das Selbstgefingerte abkaufen würden. Der Arbeitsmarkt hält ein Kaleidoskop an sinnbefreiten Berufen für jede »Helga guck in die Luft« bereit. Für Frauen, die morgens gerne länger schlafen, wurde die Abendschule erfunden. In diesem Buch sollen substanzielle Fragen der Berufsausbildung geklärt werden:

»Muss frau Lasagne mögen, um an der Fernuniversität ›Pferdeosteopathie‹ zu studieren?«

»Darf man als Hundetrainerin Angst vor Mini-Bulldoggen haben?«

»Sollen Farb- und Stilberaterinnen auch privat auf Querstreifen verzichten?«

Oder kann ich in meinem Alter noch Spielerfrau werden? Seit sich Sylvie van der Vaarts Freundin nach einem bösen Foul selbst einwechselte, sollte diese Position doch auch für mich noch machbar sein. Und wenn es bei den Altherren aus der Weltmeistermannschaft von 1954 ist.

Auch wenn, körperlich betrachtet, die Schwerkraft inzwischen eine Symbiose mit Murphys Gesetz eingegangen ist, kann ich mich immer noch bücken. Und allein wieder hochkommen! Oft denke ich, ich stecke in einem falschen Körper. Ich gehöre in Wirklichkeit in den einer 32-Jährigen.

Um beruflich noch mal durchzustarten, denke ich daran, mal was machen zu lassen. Alle lassen heutzutage was machen. Ich könnte mich liften lassen, bis meine Ohren hinten zusammenstoßen. Ich will aber nicht aussehen wie Uschi Glas. Unbekannt verzogen. Die sieht nach ihrer OP aus wie etwas, das von meiner Katze reingeschleppt wird. Vielleicht 'ne Nasenoperation. Damit mir das Koks nicht immer rausläuft. Nee Quatsch, ich schnarche wie 'n polnischer Erntehelfer. Oder meine schmalen Lippen so'n bisschen aufspritzen.

Doch hilft mir das bei meinem weiteren Werdegang? Werdegang, was ist das? Werde gehen? Und wohin? Werde gegangen sein? Werde gegängelt? Habe ich mit dickeren Lippen das bessere Zeug zur Nageldesignerin? Wohl kaum. Und wenn ich mir den Truthahn unterm Kinn entfernen lassen würde? Ich könnte mir unterm Kinn auch einen Reißverschluss einnähen lassen, für Handy, Lippenstift, Autoschlüssel. Aber hilft mir das auf dem Weg zur Hundetrainerin? Wohl kaum. Was ich auf jeden Fall machen lasse, äh, noch mal machen lassen werde, sind meine Zähne. Damit ich kraftvoller ins Gras beißen kann.

Nun werde ich Sie aber nicht alleine mit meinen Ergüssen rund um die neue Freizeitgestaltung mit beruflichem Hintergrund behelligen, sondern habe mir altersgerecht einen Co-Autor gesucht, der mir den Peter Lustig macht und auf den Namen Herr Westerbeck hört. Ob Herr Westerbeck auch in einem Bauwagen lebt, weiß ich nicht, und nach seiner Motivation, an diesem Buch mitzuarbeiten, habe ich ihn nie gefragt. Ich hatte Angst vor seiner Antwort.

Freuen Sie sich auf einen Schichtsalat der guten Laune über Frauen, die lieber »Gucci« als Verantwortung tragen. Humor ist, *wenn man trotzdem lacht, und ein Lächeln ist der kürzeste Weg zwischen zwei Menschen, hat Charlie Chaplin mal gesagt. Im Berufsleben unentbehrlich, oder Herr Westerbeck? Und nun helfen Sie mir doch mal! Wie kann ich mich beruflich verändern und so noch glücklicher werden? Beraten Sie mich, Herr Westerbeck. Ich bin dafür offen wie ein frisch geschaufeltes Grab.*

Schmuck|de|sig|ne|rin; die

Liebe Frau Decker, zunächst einmal freue ich mich sehr, dass Sie mich als Blindenhund ausgewählt haben, um Sie durch die wunderbare Welt der sinnfreien Berufe zu führen. Eine Welt, in der nicht gleich nach der Sozialversicherungsnummer, sondern vielmehr danach gefragt wird, ob es auch ausreichend »Prosecco Rosé« zu trinken gibt. Was mein Motiv betrifft, an diesem Buch mitzuschreiben, so ist es die tiefgreifende Liebe zu Frauen. Und zwar unabhängig von deren Berufen.

Einen Artikel zum Suchbegriff »Schmuckdesignerin« sucht man in der deutschsprachigen »Wikipedia« vergeblich. Das verwundert, weil »Wikipedia« für die Vielfalt ihrer Einträge bekannt ist und selbst Anfragen nach der Spatzensteuer, dem fliegenden Spaghettimonster und der Steinlaus (ein fiktives Tier, erdacht von Loriot) beantworten kann. Zum Vergleich: Die 21. Auflage der »Brockhaus Enzyklopädie« in 30 Bänden umfasst ungefähr 300 000 Suchbegriffe, während die deutschsprachige »Wikipedia« in 1 567 664 Beiträgen die Welt erklärt, also mit fünfmal mehr Artikeln aufwarten kann als der »Brockhaus« (Stand 25. März 2013).

Allgemeinwissen zur Berufsgattung »Schmuckdesignerin« vermitteln dafür die bunten Blätter beim Frisör, die im hinteren Teil das Wort gerne als Platzhalter für »arbeitslos« benutzen. Schmuckdesignerin liest sich natürlich gleich viel besser.

Und passt auch besser ins Bild, wenn die abgebildete Person ein Glas Champagner in der Hand hält oder auf einem roten Sofa im Fernsehstudio Platz nimmt.

Das habe ich auch gesehen, Herr Westerbeck, und beim Anblick von Frau Elvers-Elbertzhagen gleich einen immensen Neid verspürt, auch so originell und spritzig zu werden. Wer unterhält, hat recht, sage ich immer. Aber bitte, Herr Westerbeck, füttern Sie mich mit mehr Informationen über diesen, wie ich bei der Jenny gesehen habe, ach so anstrengenden Beruf.

Fangen wir vorne an, Frau Decker. Menschen schmücken sich seit jeher mit schönen Gegenständen. Ganz früher mit Mammutknochen und Dinosaurierfedern so groß wie Sportflugzeuge, dann schnitzten Ägypter Katzengesichter in Sandstein und selbst die römischen Soldaten sahen schon besser aus als Uschi Glas im goldenen Bikini. Doch dann ist irgendwann mal etwas passiert, das selbst Zukunftsforscher in ihren kühnsten Träumen in die Schublade »unrealistisch« abgelegt hatten: Achtelprominente Frauen entdeckten den Lötkolben für sich und fingen an, Edelmetalle um alles zu biegen, was Falten, Hühneraugen oder einfach nur ein besser gefülltes Girokonto hatte.
Und da man in der heutigen, zwischen »Dschungelcamp« und »Playboy«-Shooting wirklich sehr schnelllebigen Zeit diese Amöben im Goldstaub gerne einmal vergisst, folgt hier eine kleine Auswahl der größten Schmuckdesignerinnen seit Ende der Kreidezeit. Anschließend erkläre ich Ihnen den steinigen Weg zur eigenen Kollektion.

Pro|mi|nen|te Schmuck|de|sig|ne|rin; die

Sandy Meyer-Wölden

Später besser bekannt als Sandy Pocher, heute als Ex vom Pocher. Eine sogenannte F-Prominente, die durch Hochzeit in den medialen Adelsstand gehoben wurde. »F« steht demnach für »Frau/Freundin von«, denn sie war auch schon mal die Freundin von Boris Becker. Und von Tommy Haas. Den jüngeren Lesern sei an dieser Stelle kurz erklärt, dass Tommy Haas mal so etwas wie ein anerkannter Sportler war, dann nur noch »der Ex von Sandy Meyer-Wölden« – und seit der Pocher-Trennung komischerweise wieder das Tennis seines Lebens spielt. So brutal können sich die Berufsbezeichnungen ändern, wenn man den ascheverschmierten Tennisschuh vom Center Court gegen die blank polierten Lackschuhe für den roten Teppich tauscht. Boris Becker hatte irgendwann mal beschlossen, nur noch auf roten Teppichen zu stehen, und führt seitdem die Berufsbezeichnung des »mehrfachen Wimbledonsiegers mit Finca-Problemen auf Mallorca«.

Sandy war, neben ihren dekorativen Aufgaben im Rahmen ihrer Partnerschaften, seit jeher schon »Schmuckdesignerin« und trug diese Qualifikation mit in die Pocher-Ehe. Immerhin ging sie nicht offensichtlich arbeitslos in diesen Lebensabschnitt mit einem Komiker, der sich kurz zuvor noch öffentlich über sie und ihren Beruf lustig gemacht hatte. Wie man jetzt so liest, lebt Sandy seit der Trennung mit den drei gemeinsamen Kindern wieder in Miami. Um an dieser Stelle einen kurzen Ausblick auf den Nachwuchs zu geben: Promi-Trennungsgeschichten, in denen das Wort »Miami« vorkommt, enden für die Kinder meist beim Arbeitsamt – verzeichnet in den Berufssparten »T-Shirt-Designer« oder »Discjockey«. Eventuell hat

Sandy ja noch Boris Beckers Mobilfunknummer und kann sich diesbezüglich Rat einholen.

Katarina Witt

Sie dachten immer, das einzig Goldene an Erich Honeckers »Arbeiter- und Bauernstaat« wären Katis Medaillen bei den Olympischen Spielen gewesen? Weit gefehlt. Katarina Witt widmete sich auch außerhalb ihrer eigentlichen Profession dem Edelmetall – und fand im Übrigen trotz dieser Anstrengungen auch noch Zeit, sich für den »Playboy« auszuziehen. Außerdem war sie Jury-Mitglied bei »RTLs« Arbeitsbeschaffungsmaßnahme für Z-Prominente »Let's Dance« und moderierte auf »Pro7« die Abspeckshow »The Biggest Looser«, in der krankhaft übergewichtige Kandidaten unter den Augen der idealgewichtigen Fernsehnation versuchen, sich hundertgrammweise an den Traumkörper heranzuhungern. Das muss man sich ungefähr so vorstellen, als würde man aus dem Berliner Telefonbuch eine Seite rausreißen.

Das ist aber nur ein kleiner Ausschnitt Katarina Witts zahlreicher Betätigungsfelder, seit sie ihren Abschied als erfolgreiche Eiskunstläuferin zu Recht feierte. Ihre später zutage geförderte berufliche Erfahrungsvielfalt, gepaart mit körperlicher Eleganz und einem neckischen Akzent, prädestinierte sie dann geradezu für das Betätigungsfeld »Schmuckdesign«. Oder anders gesagt: Über eine Mauer musste sie jedenfalls nicht mehr springen. In diesem Berufsfeld ist die Freiheit wahrlich grenzenlos.

Verona Pooth

Die Frau von Erfolgsunternehmer Franjo Pooth. An seiner Seite reifte sie von der Bohlen-Ex zur ernst zu nehmenden Künstlerin, die im Düsseldorfer Architektenhaus ihrer Schwiegereltern lebt, und letztlich auch zur Schmuckdesignerin! Die lustige Grammatikschwäche und das immer wieder aufkommende Gerücht, dass sie in Wirklichkeit hochintelligent wäre, standen ihr dabei nicht im Weg. Das ist erstaunlich, da sie ihren Schmuck unter anderem beim Verkaufssender für interessierte Hausfrauen »QVC« präsentierte. Historisch nicht belegbar ist der Umstand, ob sie rückwärts eine Buchstabensuppe gegessen hat oder einfach ihr süßes Köpfchen irgendwann mal erfolgreich an einer Schranktür gestoßen hat, um den kreativen Prozess zum Designen von Schmuck freizusetzen.

Jenny Elvers-Elbertzhagen

Eingangs bereits erwähnt, darf sie natürlich an dieser »Wall of Shame« nicht fehlen. Bei Jenny passt wirklich alles zusammen: erfolgreiche Schauspielerin, anerkannte Theaterdarstellerin und dazu noch die unverblümte Freude an den schönen Dingen des Lebens. Wer denn sonst sollte bitte andere beglücken, wenn es darum geht, sich mittels glitzernder Kreolen das pure Glücksgefühl an die Ohren zu hängen? Okay, vor dem Hintergrund ihrer Alkoholbeichte bei »RTLs Suchtexpertin« Frau Keludowig, äh nein, Lude Fraukowig, quatsch, Frauke Ludowig, klingt das alles nicht mehr ganz so lustig, aber hey – wenn nicht Schmuck, was sonst kann die Glücksgefühle freisetzen, die wir Jenny in dieser schweren Zeit jetzt alle so wünschen? Und wenn es bei einer guten Flasche »Klosterfrau Melissengeist« ist.

Allegra Curtis

Die T-Prominente des »RTL Dschungelcamps 2013«. Tochter von Toni Curtis. Und Mutter von Christine Kaufmann. Oder an-

dersherum. Jedenfalls sah sie im Vergleich zu ihren – zugegeben schon ein paar Jahre alten –»Playboy«-Fotos im australi-
schen Outback doch sehr mitgenommen aus. Im Gegensatz zu
ihrem behäbigen Aussehen versprühte sie im Camp der Ah-
nungslosen dann aber ein Feuerwerk der guten Laune und
entsprach dem Idealbild einer Schmuckdesignerin: farbenfroh,
quicklebendig und temperamentvoll. Entschuldigung. Das
war natürlich Olivia Jones, bei der es sich ebenfalls lohnt, die
Karriere im Blick zu behalten, da ihre erste Schmuckkollektion
nicht mehr lange auf sich warten lassen kann. Zurück zur Tochter der schlechten Laune. Allegra lag während ihrer Zeit im
Dschungel wie ein gestrandeter Wal in der Hängematte und
überlegte augenscheinlich, welchen tropischen Frosch sie küs-
sen könnte, um irgendwie an Nervengift zu kommen. Diese
Frau ist also für die Gestaltung von Schmuck zuständig, der die
Trägerin und ihr Umfeld bekanntlich und in erster Linie beglücken soll.

Fiona Erdmann

Die K-Prominente selbigen Dschungelcamps, Sie ahnen es bereits, die sich durch regelmäßiges Übergeben in die Herzen der
Zuschauer gewürgt hat, gab sogar an, dass es ihr fast unmög-
lich gewesen wäre, die Reise nach Down Under anzutreten,
weil sie die Arbeit für ihre Schmuckkollektion zu sehr bean-
spruchte. Da liegt der nächste Fehler. Schmuckdesign sollte
unter gar keinen Umständen Arbeit sein. Dann wäre es ja ein
ernst zu nehmender Job. Was war sie noch einmal vorher?
Drittplatzierte in der fünften Staffel von Heidi Klums»Germany's
Next Topmodel« oder Fünftplatzierte in der dritten Staffel –
war sie überhaupt dabei oder kennt man sie nur noch vom
»Promi Dinner« auf»VOX«? Für Schmuckdesigner die letzte Sta-

tion vor richtiger Arbeit. Man weiß es einfach nicht genau genug, um ihre vorherige Berufsbezeichnung griffig auf den Punkt bringen zu können. Was man aber seit dem Dschungelcamp von ihr weiß, ist, dass sie laut Moderation von Sonja Zietlow und Daniel Hartwich einen Kippschalter dort trägt, wo andere ein Gaumenzäpfchen haben. Wenn es den dann irgendwann hübsch verziert als Kettenanhänger für die Generation Topmodel gibt, sollten alle Verantwortlichen zufrieden sein.

Jana Ina Zarrella

Kennen Sie nicht? Glück gehabt. Dabei belassen wir es dann auch.

Jette Joop

Die Mutter aller Schmuckdesignerinnen. Tochter des Berliner Diskothekenbetreibers Rolf Eden. Oh, nein, natürlich nicht. Tochter des Zwillingsbruders von Uschi Glas. Ups, auch nicht. Tochter von dem einen von Siegfried und Roy, der so aussieht wie Wolfgang Joop. Jetzt haben wir es! Jette Joop ist aber nicht nur die einzige ernst zu nehmende Schmuckdesignerin, die es ohne Unterstützung eines prominenten Namens oder Hilfe aus ihrer Familie zu etwas gebracht hat – NEIN, sie ist auch Deutschlands hübscheste Frau.

Jede Fußballerin wünscht sich ein Lattenkreuz aus ihrer Kollektion, neun von zehn Ehemännern würden ihre Frauen nicht mehr betrügen, wenn sie nur noch Schmuck von Jette Joop trügen. Und gäbe es ein Bundesverdienstkreuz für die Verbreitung guten Geschmacks, hätte man es ihr am Bande schon mehrfach um den blonden Kopf gewickelt. Jette Joop hat alles, was Frauen außerhalb von Potsdam nicht haben: Würde, Anstand und Moral. Damit fällt sie zwar komplett aus dem bisher gezeichneten Berufsbild, aber als Marktführer sei ihr diese Sonderstellung gegönnt. Die Welt sieht einfach anders aus, wenn man von oben auf sie herabblickt.

Liebe Frau Decker, nach diesem kleinen Exkurs direkt in das Zentrum geballter Designkompetenz widmen wir uns nun einem fiktiven Telefonat, das eine angehende Schmuckdesignerin erreicht, um Ihnen einen Einblick zu gewähren, wie so eine Karriere startet. Bitte stellen Sie sich einen Prosecco-Empfang vor, zum Beispiel in Berlin, auf dem ein Haufen arbeitsloser It-Girls steht, die abwechselnd Glas und Smartphone in der Hand tauschen, um den Anruf ihres Lebens entgegenzunehmen. Es klingelt …

Le|bens|wich|ti|ger An|ruf; der

It-Girl: »Hallo?«

»KrschKrschKrschKrsch …«

It-Girl: »Sie müssen lauter sprechen, ich bin hier auf einem Prosecco-Empfang!«

Dabei erhöht das It-Girl bedeutungsschwanger seine Stimme, wendet sich von der Gruppe anderer potenzieller Schmuckdesignerinnen ab und steckt sich einen Finger ins Ohr.

It-Girl: »Hallo! Hallo! Hallooooo!«

Gleichzeitig stellt es fest, dass eckig manikürte Fingernägel im Ohr sehr wehtun und legt auf. Selbige Fingernägel behindern auch die korrekte Bedienung des Telefons. Das Auflegen misslingt.

Am anderen Ende der Leitung sitzen in einem Pforzheimer Konferenzraum der Chef, der Abteilungsleiter und die PR-Frau einer Modeschmuckfirma und schauen sich fragend an. Das Telefon ist auf Lautsprecher gestellt. Der Abteilungsleiter sagt zur PR-Frau:

»Kein Wort verstanden, ruf noch mal an.«

Die Leitung ist jedoch besetzt. »Noch mal!« Die Leitung bleibt besetzt.

Das It-Girl steht zwischenzeitlich wieder in der Runde bei den anderen Hungerhaken mit halbprominentem Hintergrund und trinkt weiter Prosecco gegen den Hunger. Das Handy liegt in den Tiefen der viel zu großen Handtasche. Die immer noch offene Leitung tutet tapfer aus dem Lautsprecher. Hören könnte es aber maximal der Chihuahua, der zu allem Überfluss auf dem Telefon sitzt.

»Und jetzt?« Der Chef guckt die PR-Frau auffordernd an.

»Dann nehmen wir halt die andere.«

»Welche andere?«

»Die von dem Fußballer.«

»Den kann ich nicht ab«, grätscht der Abteilungsleiter dazwischen.

»Schnauze!« Der Chef gibt der PR-Frau mit Handzeichen zu verstehen, dass sie weitersprechen soll.

»Er spielt beim FC Bayern und sie modelt.«

»Also arbeitslos?«

»Ja.«

»Der hat mal einen Elfmeter verschossen ...«, murmelt der Abteilungsleiter.

»Raus!« Der Chef wendet sich dann wieder der PR-Frau zu.

»Macht die alles mit?«

»Ja klar. Immerhin ist sie mit einem Fußballer zusammen.«

»Wir brauchen das volle Programm: ›Playboy‹-Shooting, ›Dschungelcamp‹ und tränenreiche Trennung von ihrem Freund.«

»Das kriege ich hin.«

»Okay, dann ruf die halt an!«

Zurück auf dem Berliner Prosecco-Empfang. Wieder klingelt ein Handy in der Runde. Mittlerweile verteilen die Kellner Fingerfood an die gutaussehenden Multitalente in Strohblond.

It-Girl Nr. 2: »Hallo!«

»KrschKrschKrsch«

»Moment bitte, ich gehe kurz nach draußen.«

Die modelnde Fußballerfreundin verlässt die Gruppe und steckt sich ebenfalls einen Finger ins Ohr. Daraufhin muss die Erstangerufene kichern und erzählt den verbleibenden geistig Unbewaffneten, dass es ganz schön wehtun kann, sich den Finger ins Ohr zu stecken.

It-Girl Nr. 2: »Besser?«

»Ja. Hier spricht Claudia Jakob von Hohenstein, Firma ›Gülden Schmück‹. Der Chef, Herr Gülden, sitzt neben mir. Sie sind auf Lautsprecher.«

It-Girl Nr. 2: »Ach so, das wusste ich gar nicht. Das Telefon ist neu. Stört Sie das, wenn ich auf Lautsprecher bin?«

»Nein, nicht Sie sind auf Lautsprecher, sondern wir hier. Der Herr Gülden hört mit.«
In dem Moment guckt der Chef schon sehr zufrieden. Diese Naivität gefällt ihm.

»Hallo …« Hinter vorgehaltener Hand fragt er die PR-Frau: »Wie heißt die eigentlich?«
»Rebecca Moschus«, flüstert sie zurück.
»Hallo Frau Moschus.«

It-Girl Nr. 2: »Hallo Herr Gülden!«

»Wo erreichen wir Sie gerade?«

It-Girl Nr. 2: »Ich bin hier in Berlin auf einem Prosecco-Empfang.«

Herr Gülden nickt seiner PR-Frau zufrieden zu.
»Haben Sie schon einmal von ›Gülden Schmuck‹ gehört?«, fragt diese pflichtbeflissen.

It-Girl Nr. 2: »Jaaaa, natürlich. Ich habe sogar Schmuck von Ihnen. Der ist voll supi!«

Der Chef übernimmt wieder.
»Möchten Sie für uns arbeiten?«

It-Girl Nr. 2: »Als Model?«

»Ja, und dabei werden Sie Ihren eigenen Schmuck tragen …«

It-Girl Nr. 2: »Meinen eigenen Schmuck?«

»Ja!« Triumphierend guckt er seine PR-Frau an.

It-Girl Nr. 2: »Der ist aber nicht nur von Ihnen. Ich habe auch noch Schmuck von ›Sülver und Brünze‹ im Schrank, das wird Ihnen bestimmt nicht gefallen.«
»Nein, mit eigenem Schmuck meine ich Ihren selbst designten.«

It-Girl Nr. 2: »Oh, das tut mir leid. Da muss ich passen. Selbst gemachten Schmuck habe ich gar nicht.«

Der geistige Tiefflug erreicht die ersten Baumspitzen. Die PR-Frau zieht schon betroffen den Kopf ein. Der Chef ist bester Laune.

»Rebecca, Sie sollen für uns Schmuck designen!«, sagt er ihr laut und deutlich.

It-Girl Nr. 2: »Schmuckdesignerin?«

»Richtig.«

It-Girl Nr. 2: »Neiiiiiiin, wirklich???«

Im Gegensatz zu ihrem Gehirn kommt die Stimme doch schon sehr hoch. Das ergibt eine unangenehme Rückkopplung. Zu Tode erschrocken hält sie das Telefon zunächst einmal weit weg vom Ohr, um sich dann doch wieder zaghaft zu nähern.

»Hallo, hören Sie mich noch?«

»Ja, Rebecca.« Die PR-Frau führt das Gespräch weiter. »Sie müssen jetzt zu uns nach Pforzheim kommen, dann können wir die Details besprechen. Sie hätten aber schon Lust, oder?«

It-Girl Nr. 2: »Ja, klar! Was muss ich denn können?«

»Gar nichts Rebecca, gar nichts. Wir haben die Kollektion bereits fertig und Sie sagen einfach, dass Sie das gemacht haben.«

It-Girl Nr. 2: »Das kann ich!«

»Wir rufen Sie morgen in Ruhe an und laden Sie zu uns ein, okay?«

It-Girl Nr. 2: »Ja, okay … eine Frage noch: Sind Sie bei Facebook?«

Der Chef zeigt seiner PR-Frau einen Vogel.

»Warum?«

It-Girl Nr. 2: »Ja, dann könnten Sie mich ja als Freundin adden und haben meine Daten.«

»Aber ich hab ja schon Ihre Daten.«
It-Girl Nr. 2: »Stimmt. Trotzdem, Sie finden mich unter Morecca Baschus. Das ist mein Facebook-Name. Also, der geheime, den

nicht jeder kennt. Da nehme ich auch nur Leute an, die ich wirklich kenne.«

»Aha, also, wir melden uns.«

It-Girl Nr. 2: »Kann mich der Herr Gülden noch hören?«

»Ja.«

It-Girl Nr. 2: »Dann Tschüss Herr Gülden, bis morgen!«

»Tschüss Frau Baschus.«

It-Girl Nr. 2: »Moschus! Baschus nur bei Facebook.«

»Auch das. Tschüss.«

Großes Gelächter im Konferenzraum.
»Herrlich, ist die doof. Gut gemacht, Frau von Hohendingsda. Genauso habe ich mir das vorgestellt. Gut, dass die erste nicht erreichbar war ...«
»Obwohl, Herr Gülden, die ist noch dämlicher.«
»Egal, wir nehmen jetzt die Baschus-Moschus-Fußballertante. Ist ja eh nur für drei Monate.«
»Okay.«
»Holen Sie bitte diesen unsäglichen Abteilungsleiter, der soll den Vertrag aufsetzen.«
»Mit allen Tricks?«
»Alle Tricks und erfindet noch ein paar dazu.«

Auf dem Teppich des Erfolgs schwebend, kehrt die frisch ge-
kürte Schmuckdesignerin zu der Gruppe unterbelichteter Ro-
ter-Teppich-Schnorrer zurück und prustet die gute Nachricht
heraus:

»Ich habe einen Job!« Die anderen schauen sie angewidert an.
»Nein, nicht was ihr denkt … Ich bin Schmuckdesignerin!« Die
ersten Minen erhellen sich wieder. Trotzdem wird kritisch
nachgefragt und festgestellt:

»Kannst du das denn auch?«

»Suchen die noch ein Model?«

»Gülden, Sülver oder Brünze?«

»Aber du hast doch schon einen Fußballer!«

»Pass auf, die verarschen dich!«

»Sind die auch bei Facebook?«

»Nimmst du mich mit nach Pforzheim?«

Ein Potpourri des Unsinns, ein Kaleidoskop der Naivität –
oder weniger poetisch gesagt: Die komplette Dummheit dieser Welt prostet sich zu, nachdem die wichtigsten Fragen geklärt wurden, und schon gibt es eine Schmuckdesignerin mehr
auf dieser immer hübscher werdenden Welt. Frau Decker,
wollen Sie da wirklich mitmischen?

*Gut. Hm … Ich fasse zusammen, Herr Westerbeck. Für die
berufliche Freizeitbeschäftigung »Schmuckdesignerin« wäre ich
international unterwegs, könnte unauffällig dem Alkohol ver-
fallen und auch mal schlechte Laune haben. Schade, schade, es
fehlt mir das passende Niveau. Aber ich könnte daran arbeiten.
Wenn ich vier Wochen nachmittags »RTL« gucke, bin ich so
weit. Will ich aber nicht. Da gucke ich lieber meiner Waschmaschine beim Schleudern zu. Oder lese ein gutes Buch. Eines*

*meiner Hobbys ist, mich stundenlang in Buchläden rumzu-
treiben.*

*Neulich stand ich bei »Dussmann« rum. Ich suchte ein vege-
tarisches Kochbuch für einen männlichen Zwangscharakter. Ein
Freund von mir legt sich alle paar Wochen ein weiteres mentales
Gefängnis zu. Manchmal trinkt er eine Woche keinen Alkohol,
ein halbes Jahr keinen Kaffee, isst vier Wochen keine Kohlenhydrate, Low-Carb-Diät nennt man das heute. Mal geht er exzessiv
joggen, bis seine Knie qualmen, momentan isst er kein Fleisch. Er
war auch schon mal auf so einer Quatschkramkur, bei der er den
ganzen Tag alte Brötchen eingespeichelt hat. Acht Kilo leichter
kam er nach vier Wochen zurück. Wir sind vor lauter Wiederse-
hensfreude erst mal zum fettigen Griechen gegangen. Nach zwölf
Tagen hatte er sein altes Gewicht wieder.*

*Eine Bekannte von mir trinkt jeden Morgen ein Glas warmes
Wasser vor dem Frühstück. Das würde ihrem Stuhlgang auf die
Sprünge helfen. Eine andere isst bis zwölf Uhr nur Obst und
Gemüse. Ich hörte von Menschen, die nur abends essen. Von Ana-
nasdiäten. Die Ananas hat so Fasern und die arbeiten nach Ver-
zehr wie die Irren im Magen, um alles kurz und klein zu häck-
seln. Auch im Schlaf. Manche essen nur basen- und laktosefreie
radikale Lebensmittel. Das wäre mir zu aggressiv. Vegan zu leben,
ist voll im Trend. Nachteil: Diese Veganer sehen nach einem hal-
ben Jahr aus wie sibirische Wegweiser. Bei der Kartoffeldiät werden einem sämtliche Lebenssäfte entzogen, man nimmt schnell
ab, sieht aber nach einer Woche aus wie eine Gurke, die einem vor
drei Wochen hinter die Heizung gefallen ist.*

*Tag und Nacht Rohkost erspart jede Hafenrundfahrt beim
Proktologen. Dann doch lieber zum Proktologen. Meiner war
sehr freundlich im letzten Jahr. Ich hoffte auf einen hässlichen,
buckeligen Arzt, der mir nicht in die Augen guckt und auch kein*

Gespräch mit mir möchte. Was bekam ich? Einen 1,90 Meter großen, gut aussehenden Popologen. Ich rettete mich sofort in meinen Humor und sagte: »Ich möchte genau das Narkosemittel, was Michael Jackson bevorzugt hat.« Und er meinte berlinisch trocken: »Kriejen se, Frau Decker, nur icke bleibe im Raum drin.« Seit diesem Tag greife ich doch ab und an mal zu einem Kohlrabi.

Sie sehen, Herr Westerbeck, ein wenig kenne ich mich aus, habe mir sozusagen ein kulinarisches Halbwissen angeeignet. Somit hätte ich gute Voraussetzungen zur Ernährungsberaterin. Ich könnte den heute oft verfetteten Teenies sagen, wo's langgeht. Sie aus den Fast-Food-Restaurants zerren und zum nächsten Gemüsestand schleifen. Und während ich ihnen das Piercing zwischen den Bauchfalten aus dem Bauchnabel reiße, äh... entferne, schiebe ich sie liebevoll vor die nächste Schaufensterscheibe. Meinen Sie, Herr Westerbeck, ich hätte die nötige Sensibilität und das zwingend erforderliche Einfühlungsvermögen für diesen verantwortungsvollen Berufsjob?

Er|näh|rungs|be|ra|te|rin; die

Frau Decker, eine Nation bekommt nicht nur die sinnfreien Berufe, die sie verdient, sondern auch genau die Nahrung, für die sie bereit ist, zu zahlen. In diesem Fall gibt es einen tollen Zusammenhang, der es mehr als wert ist, sich damit einmal genauer zu beschäftigen.

Normalerweise sollte man Menschen, die wählen, Auto fahren und sich unreglementiert vermehren dürfen, zutrauen, einer Lasagne für 1,49 Euro skeptisch gegenüberzustehen. Wenn dann aber, wie kürzlich erst passiert, rauskommt, dass anstelle von Rinderfiletspitzen doch eher Pferdehufe unterm Schmelz- käse »Hallo« sagen, ist die Panik groß. Mindestens genauso kreativ wie die Lebensmittelindustrie sind aber auch zahlrei- che Frauen ohne ernsthafte Jobabsicht, die sich um andere Frauen kümmern, die ihr Gehirn beim Einkaufen im Gelän- dewagen gelassen haben. Herzlich willkommen im Kosmos der Ernährungsberaterinnen, Frau Decker!
      Bevor es aber wortwörtlich ans »Eingemachte« geht, ist es mindestens genauso wichtig, die Lebensmittelskandale der letzten Jahre einmal in ihrer Wertigkeit einzuordnen. Es gilt außerdem zu verstehen, warum es Frauen gibt, die sich beru- fen fühlen, anderen zu erklären, was man noch essen kann und soll. Denn im Grunde genommen war es noch nie so einfach wie heute, an Nahrung zu kommen. Man braucht die

Höhle nicht mehr zu verlassen, keine Säbelzahntiger mehr erlegen, im Winter kein Eis mehr sammeln, um Rehrücken zu kühlen, und wenn der Fischotter einfach nach nichts schmecken will, steht uns Salz seit einer Weile auch außerhalb von Tropfsteingrotten zur Verfügung. Also eigentlich alles bestens. Und ganz nebenbei bemerkt, werden die Menschen seit Jahrhunderten immer älter. Wem es trotzdem ein Rätsel ist, wie man sich halbwegs gesund ernährt, dem hat unser Staat in seiner Vollkasko-Mentalität einen weiteren Gefallen getan. Auf Verpackungen von Nahrungsmitteln ist es neben der Angabe von Zutaten auch Pflicht, die Nährstoffe wie Zucker, Eiweiß, Fett und Kohlenhydrate pro 100 Gramm zu veröffentlichen. Wer es noch sicherer haben will, kann den Supermarkt mit Helm betreten.

Warum dann Ernährungsberaterinnen trotzdem Zulauf wie frisch frittierte Quarkbällchen im Back-Shop haben, ist nur mit der kompletten Dummheit einiger Verbraucher zu erklären. Frau Decker, mal ehrlich, ob nun Amalgam in der Butter, Dönerfleisch in den Eiern oder Sägespäne in »IKEAs« Köttbullar, das sind doch nur die Auswirkungen von ursächlich gehirnamputierten Menschen, die Erdnussflips kaufen, auf deren Verpackung folgender Warnhinweis steht: »… können Spuren von Erdnüssen enthalten.« Denen kann man einfach alles andrehen! Was kommt als Nächstes? Ein Warnhinweis, dass Apfelbrei auch Spuren von Äpfeln enthalten kann?

Letztendlich sollte man zum Beispiel auch erleichternde Meldungen wie »Keine Spuren mehr von Pferdefleisch im Rinderhack« dahingehend hinterfragen, ob denn dann wenigstens Spuren vom Rind darin enthalten seien. Wer dazu aber nicht in der Lage ist, der braucht, zugegeben, eine Ernährungsberaterin.

Na bitte, Herr Westerbeck, ich sehe großen Handlungsbedarf. Wo kann ich mich nützlich machen und wie komme ich an Klienten / Patienten mit Gesundheitshintergrund?

Gute Frage, Frau Decker, auch ich musste lange nach Infos über diesen Job suchen. Denn so ein maggifreies Kochbuch auf zwei Beinen findet man nicht an jeder Straßenecke. Wo Ernährungsberaterinnen aber zu 100 Prozent aufzuspüren sind, ist auf lachsrosa Flyern in den mit Birke eingerichteten Wartezimmern kassenärztlich zugelassener Allgemeinmediziner in Vorstadtlage. Dort scheint der Bedarf besonders groß zu sein. Was einen aber auch aufhorchen lassen sollte, denn normalerweise wohnen Familien mit Kindern in solchen Gegenden. Wenn also schon die Mutti nicht auf sich selbst aufpassen kann, wie ernährt sie dann bitte erst ihre Kinder?

Nun wollen wir unsere Aufmerksamkeit aber nicht mehr auf die potenziellen Kunden beziehungsweise die böse Lebensmittelindustrie richten, sondern konzentrieren uns ganz und gar auf die Ernährungsberatung, Ihrem vielleicht zukünftigen Betätigungsfeld.

Frau Decker, um eine Sache von Anfang an klarzustellen: Ernährungsberaterinnen sehen immer schlecht aus. Entweder wie Mahatma Gandhi auf Diät oder wie Tine Wittler in 16:9. Unabhängig vom möglichen Aussehen eint diese figurgestörten Vollkorntoaster auch, dass sie IMMER schlecht gelaunt sind. Das hat wohl damit zu tun, dass eine Ernährungsberatung zu guter Letzt zwangsweise in der Empfehlung endet, sich nur noch vegetarisch zu ernähren. Analog zu den Beraterinnen.

Das möchte ich nicht, Herr Westerbeck.

Jetzt warten Sie doch mal ab, Frau Decker. Es ist historisch erwiesen, dass der Verzicht auf Fleisch äußerst aggressiv macht. Der Massenmörder Charles Manson, Diktator Adolf Hitler und Musiker Michael Jackson waren Vegetarier. Mit einem Schnitzel im Bauch hätte es das Album »Thriller« sicherlich nicht gegeben. Doch sind Vegetarier nicht gleich Vegetarier. Es gibt sie von Stufe eins »Ich bin Vegetarier, bis auf Hackbraten« über Stufe drei »Nur Kuchen« bis hin zur Stufe sechs »Ich esse nichts, was eine Mutter hat«.

Aber was befugt eine Ernährungsberaterin, abgesehen von ihren eigenen Figurproblemen, eigentlich dazu, kerngesunden Menschen Tipps zu geben? Ganz einfach: ein Klappstempel vom Schuster, der Eintrag in die Gelben Seiten und – Achtung: eine Ausbildung! Keine Angst, Frau Decker, das hört sich schlimmer an, als es ist. Die Fernuniversität bietet hier auf einem angenehm tiefen Bildungsniveau Abhilfe und so lautet es wortwörtlich in der Zugangsqualifikation für das Fernstudium zur »Ernährungsberaterin« auf der Internetseite eines großen Anbieters:

> »Vorteilhaft sind Vorbildung oder Berufserfahrung im medizinischen oder diätetischen Bereich, aber nicht zwingend notwendig für das Erreichen des Lehrgangsziels.«
> (Quelle: www.ils.de)

Wöchentlich nur acht (!) Stunden Lernaufwand und 15 Monate später könnte die Frau von heute, also auch Sie, direkt von Quatschmacherin auf Hüftspecktuning wechseln.

Und was kostet das, Herr Westerbeck? Kann ich mir das leisten?

Sicher. Kostet 124 Euro im Monat. Nebenbei können Sie locker noch einen dreiwöchigen Kursus als Nagelmodelliererin belegen. Beides schließt sich doch nicht aus. Man muss an dieser Stelle jetzt kein Prophet sein, um sich ausmalen zu können, dass diese Berufskombi durchaus gängig ist.

Wenn es dann also mit der gesunden Ernährung einfach nicht klappen will, weil man sein ganzes Geld in die Nägel investiert hat, bleibt frau zumindest die Gewissheit, dass die Dose Ravioli gleich doppelt so gut schmeckt, wenn man sich am Dosenöffner keinen Fingernagel mehr abbricht.

Nageldesignerin, das wär's doch. Vielleicht. Diese Nailerien wachsen doch wie Fußpilz auf dem Boden. Fast jede Frau, außer mir, lässt sich heute die Nägel verlängern, modellieren und tapezieren. Bis heute habe ich lange Fingernägel oft verlacht, nenne sie heimlich Pornoschaufeln und frage mich immer, wie diese Frauen damit putzen. Mal schnell die weiße Bluse mit der Hand waschen, ohne die Dinger in Gelatine zu verwandeln, und beim Bügeln den Kragen auseinanderfalten. Können diese Frauen was umtopfen? Gartenarbeit ist doch jenseits aller Realität. Ein Baby wickeln, ohne sich in der Pamperswatte zu verfangen? Was ist mit E-Mail schreiben? Bleiben die nicht zwischen den Tasten hängen? Ist der Knopfdruck, um den Computer hochzufahren, schon eine erhebliche Hürde? Klavier spielen? Fahrstuhl fahren? Und Kochen? Zwiebel schneiden, Ei pellen, Geschirr aus dem Schrank nehmen? Was ist mit Parkschein ziehen, Münze in den Einkaufswagen stecken, H-Milch aus dem Karton zerren, Hintern abwischen ... äh ... Ich weiß nicht, Herr Westerbeck. Wenn ich recht darüber nachdenke, fällt dieser Modeberuf für mich nicht unter Lebensverbesserung, sondern Verschlimmerung. Ich kann doch unbescholtenen Bürgerinnen nicht die Hufe pflastern. Die sind doch danach lebensuntüchtig. Aber es gibt so viele davon, so mies kann es nicht sein, mit geblümten Krallen rumzulaufen? Bin ich dadurch gesundheitlich gefährdet? Atme ich schädliche Dämpfe ein? Werde ich davon so high, dass ich mir auch lange Schippen machen lasse? Schlafe ich mit schlechtem Gewissen ein?

Na|gel|de|sig|ne|rin; die

Nun beruhigen Sie sich mal wieder, Frau Decker. Ich bin hier ja für die Analyse des Berufs zuständig und nicht für die lebenseinschränkenden Folgen für die Opfer. In dem Fall also die Kundinnen. Aber Sie haben schon recht und mir stellt sich die Frage: Wer war zuerst da – der Nagel oder das Design? Oder anders gefragt: Was bewegt Frauen dazu, den »Beruf« der Nageldesignerin zu ergreifen?

In neun von zehn Fällen und bei Nazan Eckes war zuerst das Design da. Also Frauen, die aus unerklärlichen Gründen in die Evolution eingegriffen und das gottgegebene Nagelbett mit Strass-Steinen zugeballert haben. Was sich wie eine Deko-Idee aus Gülcan Kamps' Schlafzimmer liest, muss auch für Nicht-Biologen erst einmal so erklärt werden: Während Männer sich in der Regel darauf beschränken, ihr Aussehen durch Aufziehen von Alufelgen auf ihre Autos zu optimieren, fangen Frauen immer erst einmal damit an, ihren eigenen Körper zu verschönern. Und rund um diese Verhaltensweise bildet sich eine Industrie. Oder zumindest eine Dienstleistungsmentalität, die (Achtung Wortwitz) jeden »Nageltisch« unter den Schwingungen eines Kolbenschleifers zum Zittern bringt.

Zur Nageldesignerin bedarf es nun wirklich nicht viel. Der bereits angesprochene Tisch steht in jeder Küche und die Erfahrung im Umgang mit Fingernägeln hat jeder Mensch seit Geburt in zehnfacher Ausführung in die Wiege gelegt bekommen. Den Rest kann man sich im Internet kaufen. Inklusive eigener Webseite, die ja immer wichtiger wird und – solange man noch keine künstlichen Fingernägel hat – auch mittels einer handelsüblichen Tastatur abrufbar ist. So weit zu den guten Nachrichten, Frau Decker. Jetzt kommen wir zu den schlechten. Ihrem Alter entsprechend habe ich mit dem Gülcan-Kamps-Vergleich versucht, Sie seelisch auf die zukünftige Kundschaft vorzubereiten (ich hoffe, Sie können sich erinnern). Neben all dem Designglück ist die Kundschaft nämlich die Kehrseite des Nagels. Die Nageldesignerin sitzt während eines Arbeitstags entweder vor Humanoiden wie Gülcan Kamps oder muss Millionärsgattinnen wie Carmen Geiss den Tinnitus aus dem Mittelfinger feilen.

Herr Westerbeck, ich hatte ja schon vor Ihren Ausführungen erhebliche Bedenken angemeldet. Nun ist die Sache für mich glasklar. Ich werde keine Nageldesignerin. Mir den ganzen Tag das Gequatsche von fremden Frauen anhören …

Tja, was nun? Ich kann gut mit Tieren. Auch unerzogene Fellschnauzen liegen mir zu Füßen. Vielleicht liegt es daran, dass ich immer ein paar Leckerli in der Hosentasche habe? Ich hörte von echten Menschen in echten Berufen, wie Anwältin, Ärztin, Steuerberaterin, die haben kurz vor dem Burn-out in den Sack gehauen und führen jetzt Hunde aus. Hunde von Menschen, die ebenfalls in höhergestellten Berufen arbeiten und keine Zeit haben, mit ihren Vierbeinern Gassi zu gehen. Aber die Knete haben, um einen Gassigeher zu bezahlen. Ich stelle mir das putzig vor, besorge mir einen Kombi, lade aus fünf verschiedenen Wohnungen von der Teppichratte bis zum Kampfhund alles ein und fahre

zum Grunewald. Dort bemühe ich mich, dass keine anderen
Teppichratten oder Kampfhunde meine Bagage terrorisieren oder
schwängern. Nach vier Stunden lade ich die Leinenträger wieder
ab und mache mir einen schönen Tag. Ich bin an der frischen
Luft, treffe andere Hundeliebhaber, führe Fachgespräche wie
»Schläft Ihr Hund denn schon durch?« oder »Hat der Kleine
schon groß gemacht?«. Wir unterhalten uns über Hundekrankhei-
ten oder erzählen uns lustige Anekdoten, was die kleinen Racker
so alles anstellen, wenn Herrchen und Frauchen nicht zu Hause
sind. Zum Beispiel den 300 Jahre alten Perserteppich zerfetzen,
die neue Bluse von Jil Sander in einen Putzlappen verwandeln
oder einfach nur aus Verärgerung über mangelnde Aufmerksamkeit ins Bett pinkeln. Ich habe 'ne Menge Spaß, denn ich habe ja
keine Hunde, nur auf Zeit. Kann sie immer wieder zurückbrin-
gen. Das hört sich doch gut an, Herr Westerbeck.

Hun|de|trai|ne|rin; die

Liebe Frau Decker, Ihre Naivität in Ehren, aber so einfach ist das nicht. Ein Vierbeiner, und sei er noch so klein, kann sehr gefährlich werden. Deshalb rate ich Ihnen ganz besonders zu einer Ausbildung. Die weibliche Upperclass hat keinen exklusiven Anspruch auf das Ausüben sinnloser Berufe. Als Ehefrau eines berühmten Multimillionärs ist es selbstverständlich um einiges einfacher, die Leere des Alltags mit einem Job zu bekämpfen, den niemand braucht. Doch auch in den Hochhausvernagelten Großstädten entwickeln Hausfrauen eine Berufskreativität, die selbst den Mitarbeitern der Job-Center den Angstschweiß auf die Stirn treibt. Abgeleitet von der statistischen Wahrheit »Die meisten Unfälle passieren im Haushalt« entscheiden sich immer mehr Frauen, das vom Ehemann gegebene Heim in das Epizentrum ihrer beruflichen Allmachtsfantasien zu verwandeln. Und wenn der Lockenstab durch die gesamte Nachbarschaft gedreht, alle Fingernägel lackiert und sämtliche Yogamatten in fremden Wohnzimmern durchgeschwitzt wurden, kommt es unweigerlich zu einer Krise, die im Branchenbuch mit dem Eintrag »Hundetrainerin« endet.

Dazu bedarf es gar nicht mal unbedingt eines eigenen Hundes. Wer die erste Staffel von Martin Rütters Hundeschule auf »VOX« und eine »Fressnapf«-Filiale von innen gesehen hat, kann schon einmal die vorperforierten Visitenkarten in den

Tintenstrahldrucker legen. Herzlich willkommen bei den Freiberuflern!

Wenn frau allerdings einen Hund ihr Eigen nennt, sollte der zumindest beim dritten Mal Anbrüllen vom Briefträger ablassen und ohne Maulkorb an einem Kindergarten vorbeigehen können. Und zwar ohne dass man ihm später den »Prinzessin Lillifee«-Turnbeutel aus den Eckzähnen entfernen muss. Das sind aber nur Feinheiten.

In erster Linie zählen für eine erfolgreiche, selbst ernannte Hundetrainerin das farblich abgestimmte Outfit und die Tatsache, dass das Training nur bei schönem Wetter stattfindet. Bei Sonnenschein auf dem Hundeplatz angekommen, müssen die meisten Neuhundetrainerinnen zunächst einmal feststellen, dass ihre Angst vor fremden Hunden mindestens genauso groß ist wie davor, dass die eigene Frisur beim Herumtollen mit dem verhaltensauffälligen Rottweiler leiden könnte. Also fängt die verantwortungsvolle Frau erst einmal »klein« an und berät den geneigten Neukunden mit Rehpinscher unterm Arm, in welche Handtasche dieser Hamster mit Chanel-Halsband am besten passt. Oder: »Was würde Paris Hilton tun, wenn Tinkerbell auf die Wimperntusche gepuschert hat?« Wo gehobelt wird, da fallen auch Späne. Oder um es mit den Worten der meisten Hundetrainerinnen mit eigenem Hund zu sagen: »Das hat der vorher noch nie gemacht!«

Im Übrigen gehört dieser Satz in die Top 5 der »berühmten, zuletzt gehörten Worte«:

1) »Kannst' anfassen, ist kein Strom drauf!«
2) »Das haben wir immer so gemacht!«
3) »Rechts ist frei!«
4) »Der Herd ist aus!«
5) »Der beißt nicht!«

Es bedarf schon einer Menge Vertrauen, die Ausbildung des eigenen Hundes in die Hände fremder Leute zu legen. Insbesondere, wenn diese sich durch das Rückgrat eines Gummibärchens auszeichnen. Willensstärke, Entschlossenheit und Gradlinigkeit haben bei den Hundetrainerinnen unseres Beispiels nichts zu suchen. Ganz im Gegenteil. Wichtig ist in erster Linie die Außenwirkung: die farbenfrohe Beschriftung des Kleinwagens mit der neuen Geschäftsidee und damit auch die Namensgebung der neuen Unternehmung. Besser gesagt: des Abenteuers.

»Heikes Pfötchenschule«, »Biggis Tatzenparadies« und »Evas Körbchen-College« gehören noch zu den eher harmlosen Ergebnissen aus den Hirnwindungen zukünftiger Rassehundedompteurinnen. Richtig interessant wird es im Osten Deutschlands, wenn die schon auf Mandy und Sandy getauften Vorstadtbratzen eine Hundeschule aufmachen. Dann knattern die »Twingos« mit »Doris Doggystyle«, »Jennys Jet-Set-Dogs« und »Pias Pudel-Paradies« bepinselt über das Zwickauer Kopfsteinpflaster. Wobei der letzte Name ja auch gut für einen Hundefrisör wäre. Damit kommen wir zum nächsten Thema: die Hundefrisörin!

Nein, nein, nein, Herr Westerbeck! Ihre Ausführungen über Hunde und deren zweibeinige Berufsakrobaten haben mir den Rest gegeben. Sicher ist dieser Beruf wichtig und für viele Yetis zwingend notwendig, um zu wissen, wo vorne und hinten ist, dennoch nix für mich, Herr Westerbeck. Ich kann mich noch gut an meine Zeit als Autorin bei der »ZDF-Hitparade« erinnern. Sah ich dort in vier Jahren doch einige Karriereabstürze und menschliches Elend. Michelle bekam zuerst von verschiedenen Männern Kinder, danach Depressionen und als Folge dieser gan-

zen Dilemmas kam der Selbstzerfall. Ihr Selbstbewusstsein wurde derart in Mitleidenschaft gezogen, dass sie eine Lala-Blockade bekam und zur Hundeklötenrasiererin umschulte!!! Ein Aufschrei ging durch die heile Schlagerwelt. So schlimm hatte sich niemand aus der »Ein-bisschen-Spaß-muss sein-Branche« den eigenen Abstieg vorstellen können. 2003 saß ich im »ZDF« bei »Blond am Freitag« in der Lästerrunde und wir hackten ganze fünf Minuten auf Michelle und diesem Berufszweig rum.

Vielleicht sollte ich was mit Pferden machen, Herr Westerbeck. Schon als junges Mädchen habe ich mich, wie Millionen andere Gören mit zwölf Jahren, für Pferde interessiert. Meine Eltern dachten wohl, na, dann macht sie wenigstens mal Sport. Ich voltigierte. Kennen Sie diese Sportart? Ich machte unnütze Kunststücke auf dem Rücken stolzer, in die Jahre gekommener Pferde. Das läuft folgendermaßen ab: Während das Pferd an einer Trense von einer, ja, was war die eigentlich? Reitlehrerin? Kindertrainerin? Egal, das Pferd wurde an langer Leine im Kreis geführt und ich machte, während das Pferd trabte oder galoppierte, Verrenkungen darauf. Gekonnt seitlich drüberhängend im Kosakenhang, im Galopp drauf rumgestanden und andere Windungen.

Wenn ich mein Kind gewesen wäre, ich hätte es mir verboten. Viel zu gefährlich. Egal, Herr Westerbeck, es wird doch eine Tätigkeit geben, bei der ich mich sinnvoll diesen stolzen Kreaturen nähern kann. Ich mag den Geruch von Pferden. Ich komme vom Land, aus Bokensdorf, das liegt bei Wolfsburg zwischen letzte Ausfahrt Nutzfahrzeuge und Ende der Ausbaustrecke, 389 Einwohner damals. Dort half ich oft auf einem Bauernhof und nach getaner Arbeit durfte ich mit den Töchtern des Hofes ausreiten. Ohne Sattel. Einfach so in die Mähne gekrallt! Danach füttern, trockenreiben, striegeln, Mähne kämmen. Sie se-

hen, ich besitze eine gewisse Vorbildung, ein schwammiges Know-how. Um es kurz zu machen: Was kann ich beruflich mit Pferden machen???

Pfer|de|flüs|te|rin; die

Werte Frau Decker, Frauen, die »Apassionata« nicht für eine Unterwäschemarke halten, bei »Hanni und Nanni«« reflexartig an Urlaub auf dem Ponyhof denken müssen und ihre Barbiepuppen schon immer lieber auf einem Hottehü als auf Ken sitzen sahen, verbindet zwangsläufig die Liebe zu Pferden.

Zu Ihrer dörflichen Herkunft fällt mir in diesem Zusammenhang ein, dass aus Regionen, in denen der Stammbaum ein Kreis und neun von zehn Eltern Geschwister sind, die besten Reiter kommen.

An dieser Stelle wäre die Geschichte normalerweise auch schon zu Ende: glückliche Frauen, grüne Wiesen und ein paar Stallburschen, die mit freiem Oberkörper die Mistgabel im Takt zum »Rosamunde-Pilcher-Best-of« schwingen.

Nun ist es aber so, dass Frauen bekannterweise dazu neigen, ihre Hobbys in ein berufliches Korsett zu schnüren, auch wenn es notfalls erst noch erfunden werden muss. Anders ist es jedenfalls nicht zu erklären, dass es rund ums Pferd eine Schwemme an Berufen gibt, vor der selbst Noah mit seiner Arche kapituliert hätte.

Fangen wir aber vorne an. Rund ums Pferd gibt es seit ein paar Jahrhunderten Berufe, die sinnvollerweise von Männern erledigt wurden, während die Frauen sich darauf konzentrierten, neben einer guten Figur auch noch leckeres Essen am Abend zuzubereiten: Hufschmied, Pferdewirt oder gar Stallbursche kamen nicht einmal in der Vorstellungskraft bekiffter Althippies mit weiblichen Endungen vor. Ganz ehrlich, es hätte sich auch sehr komisch angehört: Hufschmiedin, Pferdewirtin oder – ganz deutlich – Stallburschin!

Doch kann es natürlich nicht sein, dass auf der Erfolgswelle von Metabolic-Beraterinnen, Yoga in der Einbauküche und mobiler Fußpflege nicht auch irgendwo ein Pferd schreit: »Ihr Wahnsinnigen – kommt auch zu mir in den Stall!«, während andersherum irgendwo schon ein lustig beschrifteter »Nissan Micra« den Blinker auf rechts gesetzt hat und direkt im Misthaufen des Ponyhofs zum Stehen gekommen ist. Jetzt heißt es erst mal, dass sich die frisch manikürten Fingernägel umgucken müssen, was es in den Stallungen denn möglicherweise zu tun geben könnte. Und somit kommen wir zu den streng wissenschaftlich ermittelten Top 5 der absurdesten Pferdeberufe:

1) Pferdefrisörin (gibt es auch für Kühe!)
2) Pferdeosteopathin
3) Pferdeheilpraktikerin
4) Hippotherapeutin (heilpädagogisches Reiten)
5) Cowgirl

Darüber hinaus könnte ich Ihnen auch empfehlen, sich im Bereich des Managercoachings mit Pferden zu beschäftigen. Das ist sehr beliebt und angenehm sinnfrei. Hier kommen ausschließlich Pferde zum Einsatz, die garantiert niemandem folgen, insbesondere nicht ihren Besitzern. Da fühlt sich der krisengeplagte Manager doch gleich wieder wie im Vorstandsbüro seiner Aktiengesellschaft. Somit ist der Sinn solcher Veranstaltungen zwar weiterhin fragwürdig, aber immerhin kommen die Pferde an die frische Luft und das Durchsetzungsvermögen von Managern kann außerhalb von Domina-Studios erforscht werden. Außerdem gibt es auch spezielle Hotels für diese Tiere, die natürlich ausnahmslos von gelangweilten Frauen genau dieser Manager besucht werden, die in einem unachtsamen Moment ihr Scheckbuch für die stressgeplagten Zossen ihrer Gattinnen gezückt hatten, um einen Wellnessaufenthalt inklusive Bewegungsbad und Solarium zu ermöglichen.

Wie jetzt, Herr Westerbeck? Ein bisschen genauer bitte. Was soll ich denn davon nun machen? Pferdefrisörin hört sich für mich noch am sinnvollsten an. Ich borge mir ein Regina-Regenbogen-Pferd von der Tochter meiner Nachbarin und übe erst mal. Bis dahin bitte ich um weitere Vorschläge, Herr Westerbeck.

Kein Problem, Frau Decker, ich bin eine Enzyklopädie der entspannten Berufe. Inzwischen gibt es herrliche Jobs, die in kryptischen Abkürzungen daherspazieren. Schon mal was von MBSR gehört, Frau Decker?

Nee, habe ich nicht. Kenne ABS, will aber nichts mit Autos zu tun haben. Meinen Sie vielleicht BSR? Die Berliner Stadtreinigung? Was soll ich denn da? Müll sortieren? Oder BSE? Nun werden Sie mal nicht albern, Herr Westerbeck.

MBSR-Leh|re|rin; die

Nein, MBSR: »Mindfulness-Based Stress Reduction«, Frau Decker. Ja, ich weiß, es hört sich zunächst einmal wie ein tödlicher Virus an, der in irgendeiner chinesischen Garküche entstand, weil der Koch rohe Krähenfüße über unregelmäßig gegarte Hühner hobelte. Hinter der Abkürzung verbirgt sich aber etwas, das man im Deutschen am besten so übersetzt: »Stressbewältigung durch Achtsamkeit«.

Da es sich also um etwas aus der Psychoküche durchgeknallter Wohlstandsbürger aus dem westlichen Teil der Welt handelt, wünscht man sich jedoch reflexartig den tödlichen Virus herbei, um sich das Gejammer derer, die ihren Stress nicht mehr selbst bewältigen können, nicht mehr hören zu müssen. Es ist das Phänomen einer im Übermaß zivilisierten Gesellschaft, die den Stress nicht mehr erträgt, den sie sich selbst macht. Hat die Arztgattin ihre Depressionen früher noch gepflegt mit einer Flasche »Klosterfrau Melissengeist« allein im abgedunkelten Bungalow runtergespült, sitzt heute die Generation Burn-out in Talkshows und belästigt andere kollektiv mit ihrem Leiden.

Früher lag zwischen der Führerscheinprüfung und der ersten Depression wenigstens noch ein Arbeitsleben, heute geht es ja von der Universität meistens direkt in den Burn-out. Eine Gesellschaft scheitert an ihren eigenen Ansprüchen. Schön doof. Und da es anscheinend nicht reicht, dass ein Haufen

Bekloppter uns mit ihren Leiden nervt, gesellen sich weitere Gehirnamputierte mit dem Versprechen dazu, helfen zu können. Mit nicht zu lautem Trommelwirbel (wegen der Nerven) stelle ich Ihnen die MBSR-Lehrerin vor.

Eine MBSR-Lehrerin bietet in der Regel Achtwochenkurse an, in denen sich Gleichgestörte treffen, um in Übungen die Achtsamkeit auf den gegenwärtigen Augenblick zu lenken. Unabhängig davon, ob der als angenehm oder unangenehm empfunden wird. In diesen Kursen lernt man zu betrachten, was wirklich da ist, ohne sich in Widerstände, Grübeleien, Erinnerungen oder Zukunftsplanungen zu verstricken. (Bei Männern läuft das unter »Vollbesäufnis«.) Wem das noch nicht wirr genug ist, der lese bitte folgendes Zitat von der Internetseite des »MBSR-Verbands« zu der Frage, was Stressbewältigung durch Achtsamkeit bedeutet:

> »Eine achtsame Haltung gegenüber dem Leben und der Erfahrung im jetzigen Augenblick ermöglicht ein tiefes Verständnis unserer Bedürfnisse, Motive und Wünsche. Wir können klare Einblicke in unsere gewohnheitsmäßigen, wie auch unangemessenen Reaktionen gewinnen. Der daraus folgende Prozess der Klärung und des Ordnens erleichtert die Entwicklung neuer Perspektiven in schwierigen Situationen, und den Umgang mit belastenden Gedanken, Gefühlen und Körperempfindungen. Auf diese Weise wirkt die Praxis der Achtsamkeit heilsam.«
> (Quelle: www.mbsr-verband.org)

Oh mein Gott, Herr Westerbeck, ich weiß, was Sie meinen. Hätten diese Typen nicht schon einen Regenschirm über ihren Ver-

stand gespannt, könnte man sich glatt wünschen, dass es Hirn regnen sollte. Aber ehrlich gesagt, kann ich Ihnen nicht ganz folgen. Was passiert da genau?

Das ist schnell erklärt, Frau Decker. Eine achtsame Haltung gegenüber dem Augenblick kann zum Beispiel sein, dass die Teilnehmer so eines MBSR-Kurses eine Rosine in die Hand nehmen und sich ausschließlich auf diese konzentrieren dürfen. Was jetzt relativ einfach klingt, ist in der Praxis bedeutend schwieriger. Probieren Sie es ruhig einmal aus. Ich landete jedenfalls nach 30 Sekunden Konzentration auf eine vertrocknete Weintraube wieder bei meinen Alltagssorgen wie zum Beispiel, dass ich eigentlich gar keine Zeit für so etwas habe.

Noch interessanter als die ganzheitliche Erleuchtung ist aber der Weg dahin:
* Achtsame Wahrnehmung des Körpers in Ruhe (Bodyscan)
* Achtsame Wahrnehmung des Körpers in Bewegung (Yoga)
* Meditation im Sitzen
* Meditation im Gehen

Bei der Meditation im Gehen und mit der Rosine in der Hand stellen sich natürlich die Fragen, ob sie im öffentlichen Straßenverkehr stattfindet und ob die Kursteilnehmer dabei einen Helm tragen müssen. Als weitere Schwerpunkte in den Kursen beschreibt der Verband, dass es Kurzvorträge und Erfahrungsaustausch zu Stress sowie zum Umgang mit Gefühlen, Umgang mit dem Körper und zur achtsamen Kommunikation gibt. Also alles, was Menschen eigentlich im Alltag erfahren, wenn sie Freundschaften pflegen, anstelle einer auf Autopilot programmierten MBSR-Lehrerin zuzuhören.

Aber welcher Wunsch steckt dahinter, einen Kompaktkurs MBSR als Lehrerin auszurichten und Menschen zu unterrichten, die sich offensichtlich der Intelligenz verweigert haben? Vorab muss man natürlich, um nicht als Einäugiger unter den Blinden aufzufallen, im Idealfall dieselben (eingebildeten) Probleme der Schülerinnen und Schüler haben oder zumindest mal gehabt haben: Schlaflosigkeit, Nervosität, Konzentrationsmangel oder Erschöpfung zum Beispiel. Oder wie man es beim Rest der Bevölkerung nennt: ein Arbeitsverhältnis.

Wer aber acht Wochen lang an zweieinhalbstündigen Sitzungen teilnimmt, eine sechsstündige Tagesveranstaltung draufpackt und im Anschluss noch täglich 30 bis 60 Minuten zu Hause im eigenen Körper nach dem letzten Quäntchen Restverstand sucht, der hat für einen regulären Job natürlich keine Zeit. Es sei denn, Sie machen die Not zur Tugend und engagieren sich im Kampf gegen den Stress als MBSR-Lehrerin.

Es bleibt jetzt nur noch zu klären, Herr Westerbeck, wie es in meinem Alltag als MBSR-Vermittlerin mit Lehrauftrag aussieht. Empfinde ich dann zum Beispiel eine rote Ampel anders als die restlichen Verkehrsteilnehmer auf einer vierspurigen Kreuzung? Eventuell intensiver? Oder schmeckt mein Hustensaft besser? Eventuell nach Jahrgangschampagner? Kann ich überhaupt noch Eile empfinden? Zum Beispiel, wenn ein Haus brennt?

Das kann ich nicht mit Sicherheit beantworten, Frau Decker. Aber gemeinhin gilt als absolut richtig, dass eine größtmögliche Entfernung zu Menschen, die sich zu sehr mit sich selbst beschäftigen, auf gar keinen Fall schaden kann.

Sie meinen, Herr Westerbeck, mit meinem sozialen Hintergrund wäre dieser Beruf ungeeignet? Na los, das wollten Sie doch sagen. Sie haben ja recht. Ich mag mehr die handfesten Dinge des Lebens. Ich koche was und dann esse ich es auf. Ich schreibe was auf, drucke es und lese es. Auch sind mir diese Ooooommmmm-Vögel, die stundenlang auf eine Rosine starren und darin irgendwann deren Weltherrschaft interpretieren, zu suspekt. Vielleicht sollte ich doch eher was Handwerkliches machen.

Ein Handwerk, bei dem ich unterwegs sein kann, irgendwas Mobiles, mit Leute besuchen und so. Hausbesuche sind doch total selten geworden. Vielleicht freuen sich die Menschen wieder darüber, wenn es mal an der Haustür klingelt? Aber nicht Staubsaugerverkaufen, das liegt mir nicht. Ich habe mir mal vor 15 Jahren einen »Kirby Staubsauger« gekauft. So einen tonnenschweren Riesensauger, für den man Sportklamotten braucht. Der Verkäufer bestand darauf, ihn in meiner Wohnung vorzuführen. Innerhalb von zwei Minuten war mein Wohnzimmer voll mit allem Zubehör; und eine Videokassette mit den Vorzügen des »Kirbys« spielte der Vertreter stop-and-go ab. Ich war völlig entnervt von dem sabbelnden Händler. Der schüttete immer wieder Staub, Nägel, Sägespäne auf meinen Teppich und saugte sie dann auf. Dieses Glück, dieses »Berauschtsein« in seinen Augen, wenn »Kirby« alles brav verschluckte, werde ich nie vergessen. Ich sollte es dann auch mal versuchen, mit Licht, welches sich vorne am Sauger befindet. Doll, ich stieg für einen Moment in sein Hochgefühl mit ein ... Sogar vor meinem Bett hat der Schmutzfink nicht haltgemacht. Zog beherzt Decke und Laken runter und hielt mit einem Filter sein Rohr drauf, um mir zu demonstrieren, mit wie vielen Milben ich schlafe. Ekelhaft, der Typ. Ich war froh, ihn wieder los zu sein. Und deshalb möchte ich keine Staubsauger verkaufen.

Die Leute sollen mich in der Hoffnung verabschieden, mich bald wiederzusehen.

Ich könnte doch Gutes tun. Füße pflegen. Alle kommen in das Alter, in dem sie sich kaum noch bücken können. Und wenn sie dann schon mal runter kommen, überlegen sie sich, was sie da unten noch gleich mit erledigen können. Ich selber mag Fußpflege sehr gerne. Da sitzt man auf einem bequemen Stuhl, hat eine Gazette mit vielen Bildern von ebenfalls pedikürten Frauen vor sich und kommt in einer Stunde wie auf einer Wolke schwebend wieder raus. Herrlich, Herr Westerbeck. Das wär's doch. Ich fahre sehr gerne Auto und die Gerätschaften kann man doch sicher im Internet erwerben.

Mo|bi|le me|di|zi|ni|sche Fuß|pfle|ge|rin; die

Sehr gut, Frau Decker, dass in Ihrem Bett schon einmal alles aufgesaugt wurde, was nicht niet- und nagelfest war, festigt mein positives Bild von Ihnen. Sie scheinen wirklich vor nichts Angst zu haben. Und für Frauen, die Benzin im Blut und Hornhaut unter der Sohle haben, hält der Zweitmarkt für Berufe, die im dritten Bildungsweg erlernbar sind, eine Option bereit, die schlimmer als jedes Hühnerauge aufs Gaspedal drückt, wenn zwischen Kiel und dem Starnberger See irgendwo ein Fußnagel eingewachsen ist: die mobile medizinische Fußpflege. Neben dem Rettungswagen die einzige medizinische Einheit, die zu ihren Patienten fährt. Zumindest ist es von Orthopäden, Zahnärzten oder Radiologen weniger bekannt, dass sie ihr Arbeitsgerät auf der Rückbank eines japanischen Kleinwagens unterbringen und damit durch die Lande tingeln. Darüber hinaus werden sie wohl die mobile Fußpflege seltener zur Medizin zählen, als es deren Betreiberinnen in ihren weißen Kitteln lieb sein dürfte.

Das soll hier aber nicht zur Debatte stehen und wird wohlwollend als Stutenbissigkeit ausgelegt. Medizinische Fußpflege kann nämlich Leben retten! Zum Beispiel, wenn der Kapitän eines Kreuzfahrtschiffs dieses mit seinen Füßen am Ruder durch den Panamakanal lenkt und abrutscht, weil die zwei Zentimeter starke Hornhaut den optimalen Grip

zwischen großem Onkel und kleinem Zeh am linken Spreiz-
fuß verhinderte.

So weit zur Theorie. In der Praxis muss man sich die Situation
am mobilen Fußpflegemarkt drastischer vorstellen. Drei Elek-
trikerzangen, einen »Bosch«-E-Hobel und meterweise Isolier-
band aus dem Baumarkt später setzen sich die tollkühnen
Halb-Medizinerinnen hinter das Steuer ihrer fliegenden Kis-
ten und ziehen am Autoschalter ihr Zertifikat, mit dem es
dann in die Altenheime dieser Republik geht.

Es ist jedenfalls nicht zwingend anzunehmen, die Ladys
hätten einen Lehrgang in Intensivmedizin absolviert, liest
man die streng wissenschaftlich ermittelten Top 5 ihrer Klein-
wagenheckscheibenbeschriftungen:
1) »Utes Hornhaut-Hobel«
2) »Celinas Zeh-Mobil«
3) »Henriettes Hühneraugen-Express«
4) »Silkes Spreizfuß-Service«
5) »Nikis Nagel-Notfall«

Wer sich dann noch in Händen von Medizinerinnen glaubt,
der behandelt auch einen Herzinfarkt mit Brennnesseltee.

Ich werde Ihnen, Frau Decker, die Behandlung durch eine
mobile Fußpflegerin gerne aus Patientensicht erläutern. Mit
einer schönen Geschichte: Oppa Heinz ist Witwer und lebt in
Recklinghausen. Deshalb wird Oppa Heinz auch mit doppeltem »p« geschrieben. Oppa Heinz kann sich trotz regelmäßi-
ger Einnahme von Knoblauchkapseln nicht mehr daran erinnern, wann er sich zum letzten Mal die Fußnägel geschnitten
hatte. Oppa mit den Scherenfüßen. Er lässt einfach wachsen,
trägt nur noch Hüttenschuhe und irgendwann brechen die

Zehennägel von selber ab. Das war Omma Lores letzter Tipp an ihn, bevor sie mit ihrem Rollator in die ewigen Jagdgründe gerollt ist. Omma Lore kommt natürlich auch aus Reckling-hausen. Deshalb wird sie mit doppeltem »m« geschrieben.

An diesem Tag war aber irgendetwas anders. Oppa Heinz blieb bei seinen morgendlichen Kniebeugen im Wohnzimmer mit einem leicht eingerissenen Nagel im Flokati hängen und kam unsanft zum Erliegen. Schildkrötenhaft fand er Halt am Zeitungsständer, an dem er sich wieder aufrichtete. Ungelenk, so wie ihn Omma Lore auch zu Lebzeiten schon immer be-schimpft hatte, ließ er sich auf die Couch fallen und brachte sich allein in die stabile Seitenlage. Dabei sah er auf dem Bei-stelltisch neben der Fernsehzeitung noch das halb ausgetrun-kene Glas rheinhessischen Rotweins stehen und zögerte nicht lange. Omma Lore hätte ihm spätestens jetzt den Stock über die Halbglatze gezogen. Da Omma aber nicht mehr ist, ge-noss er seine frühmorgendliche Freiheit mit einem großen Schluck Rotwein. Aus dem Schluck wurde das restliche Glas und zwei weitere Flaschen folgten dem Ruf des Schmerzes seines durch den Unfall sehr stark eingerissenen Fußnagels. Neben dem Rotwein fand Oppa Heinz wieder Rettung im Zeitungsständer, aus dem ihn mittlerweile leicht verschwom-men die Titelseite des neuesten Recklinghausener Senioren-Stadtmagazins »Ruhrpott Rowdys 60+« anschaute. So meinte er zumindest. In Wirklichkeit guckte Oppa Heinz natürlich das Stadtmagazin an und nicht umgekehrt.

Auf Seite fünf des Stadtmagazins nahte die Erlösung: »Helgas Fuß-Fuhre« bietet mobile Fußpflege an. Entschlossen griff Oppa Heinz in die Wählscheibe seines samtbezogenen Telefons und erreichte nach mehrmaligem Verwählen endlich Helga von »Helgas Fuß-Fuhre«. Schnell fanden Heinz und

Helga einen Termin. Das lag daran, dass Oppa Heinz immer Zeit hatte und Helga ihre mobile medizinische Fußpflege erst seit 14 Tagen betrieb und er ihr erster Kunde war. Das waren also ideale Voraussetzungen, denn es sollte ja auch Oppa Heinz' erste Fußpflege werden – so konnten beide nicht beurteilen, ob es gut oder schlecht werden wird.

Helga von »Helgas Fuß-Fuhre« goss sich auf den ersten Auftrag einen Schnaps hinter den Knorpel. Gegen das Zittern. Daraus wurde schnell ein zweiter. Beim Zusammenpacken ihrer noch originalverpackten Ausrüstung folgten Nummer drei und vier. Im Auto, einem in die Jahre gekommenen »Škoda Kombi«, trank sie auf dem Weg zu Oppa Heinz die restliche Flasche aus.

Oppa Heinz öffnete Helga humpelnd die Tür. Die Inhaberin des Fußpflege-Services fiel ihm um den Hals. Das war ihm auf Anhieb sehr sympathisch. So war Omma Lore auch immer, wenn sie vom Tanztee gekommen war. Er bat Helga in die Wohnung und trug ihr die mobile Fußpflegeeinheit hinterher. Schlagartig war Oppa Heinz wieder fit. Helga war in einem für ihn sehr attraktiven Alter von etwa 50 Jahren und er genoss es, sich wieder um eine Frau zu kümmern. Als er schwer bepackt das Wohnzimmer erreichte, sah er, wie sie friedlich in seinem Ohrensessel ihren Rausch ausschlief. Ebenfalls wie Omma Lore damals.

Todesmutig nahm er den Elektrohobel aus ihrem Werkzeugkasten, schloss ihn an, reparierte sich selbst den eingerissenen Nagel und machte, wo er schon einmal dabei war, auch gleich Helga die Füße schön. Wie mit der Akkuratesse einer frisch geschnittenen Gartenhecke beendete er sein Werk und zum Duft von frisch gekochtem Kaffee erwachte Helga. Seither leben sie glücklich und zufrieden zusammen.

Was soll das, Herr Westerbeck? So verzweifelt bin ich noch nicht, dass ich vor der Arbeit eine Flasche Schnaps trinken müsste. Und ich bin auch nicht scharf darauf, nach gehobelter Hornhaut bei einem Witwer einzuziehen. Meinen Sie, es endet durch den unteren Körperkontakt immer in einer Beziehung? Das möchte ich nicht. Ich könnte nur Frauen behandeln, aber wenn das rauskommt, bin ich dran wegen Diskriminierung. Auch das möchte ich nicht. Dann doch lieber eine andere Arbeit.

Eine, in der Stille vorherrscht. Gartenarbeit? Zu laut, die Vögel und so. In einer Bücherei, Bücher verleihen? Zu laut. Ständig kommt irgendeine intellektuelle Schnarchnase und fragt mich was. Ich könnte selbst ein Buch schreiben. Zu einsam.

Zur Erinnerung Frau Decker, wir schreiben hier bereits ein Buch.

Stimmt, dann könnte ich doch Galeristin werden. Mit angelesenem Wissen über den jeweiligen Künstler brillieren. Alles Künstler, die mittellos unter einem schäbigen Dach ihr Atelier haben, es kaum bezahlen können und noch froh sind, aus der Nase bluten zu dürfen, wenn ich preislich mit ihnen fertig bin. Ich denke mir fulminante Texte über den unbekannten Skulpturenkünstler aus, der in einem Gipsklops den Ursprung alles Mütterlichen sieht, und verteile Flyer in der Szene. Auf der Vernissage kann ich mir die Hucke zusaufen. Ansonsten faul in einem bequemen Sessel sitzen, Cappuccino trinken in der Hoffnung, es kauft mal einer ein Bild und ich kann dann endlich den Rosé-Champagner aus dem Kühlschrank knacken. Ab und an kommt ein kulturell Verwirrter in die Galerie, spricht nicht und betrachtet die Gemälde. Ich lege eine arrogante Grundhaltung an den Tag. Muss ich. Macht man so, wenn man keine Ahnung hat. Man wirkt unnah-

bar, die Kommunikation beschränkt sich auf »Guten Tag« und
»Auf Wiedersehen«. So könnte ich mein bisher anstrengendes Le-
ben ausplätschern lassen.

Ist das nicht ideal für mich, Herr Westerbeck?

Ga|le|ris|tin; die

Eine glänzende Idee, Frau Decker. Für Frauen, die sich bei »IKEA« lieber in der Kunstabteilung als am Hotdog-Stand aufhalten, die lieber Weißwein als Dosenbier mögen und die Mona Lisa nicht für den neuen Duft von »Laura Biagiotti« halten, hält die Berufswelt einen geeigneten Zeitvertreib parat: den der Galeristin. Als Galeristin von Welt pflegt man Stil sowie Fingernägel in einem weißweingetränkten Atemzug und lernt nebenbei noch interessante Menschen kennen. Als Galeristin trägt man Hosenanzüge sowie Verantwortung mit Würde – und lässt es spielerisch aussehen. Als Galeristin paart man Kunst mit Kurzhaarfrisur und sieht dabei auch noch gut aus.

Kurz gesagt, die Galeristin ist die eierlegende Wollmilchsau unter den sinnbefreiten Berufen. Natürlich mit Anspruch auf die Erfüllung aller drei Kriterien: Verzichtbarkeit, angenehme Arbeitszeiten, hoher Spaßfaktor.

1) Verzichtbarkeit
Kunst ist ein hohes kulturelles Gut. Wirklich brauchen tut sie aber in den meisten Fällen kein Mensch. Im Gegensatz zu Krankenschwestern, Marktfrauen und Babysitterinnen hält sich die absolute Notwendigkeit einer Galeristin in Grenzen. Also verhält es sich mit diesem Beruf wie mit den meisten Bildern: im besten Fall lediglich schön anzusehen.

2) Angenehme Arbeitszeiten

Schichtbeginn, Wecker und der frühe Vogel haben mit den Arbeitszeiten einer Galeristin ungefähr so viel zu tun wie Zitronenfalter mit Zitronen falten. Ausstellungen werden abends eröffnet und haben am Wochenende auf. Außerhalb einer »nine to five«-Romantik mag das ja noch als hip gelten, innerhalb des allgemeingültigen Begriffs von Arbeitszeiten bleibt es jedoch dabei, dass es schwerfällt, das als Beruf anzuerkennen.

3) Hoher Spaßfaktor

Man mag es ja kaum glauben, aber neben den Kesselflickern gibt es noch andere Berufsfelder, in denen sprichwörtlich anerkannt gesoffen wird. So muss die Galeristin IMMER ein Glas Weißwein in der Hand halten, um als solche überhaupt erkannt zu werden. Wahlweise kann das auch ein Glas Prosecco sein (Achtung: nicht zu verwechseln mit der Schmuckdesignerin). Während in klassischen Berufen der Genuss von Alkohol am Arbeitsplatz verpönt ist, gehört er in Galerien zum guten Ton. Dieser Umstand macht es nicht einfacher, dem Job einer Galeristin eine gewisse Ernsthaftigkeit zu unterstellen.

Glatter Punktsieg für die Galeristin! Die Kategorien »unnötig«, »in der Freizeit durchführbar« und »immer hart am Glas« gelten hiermit als erfüllt. Darauf eine Weißweinschorle.

Um Ihren Platz im Konzert der Geistestrompeten zu festigen, Frau Decker, sei noch Folgendes gesagt:

Der Begriff »Galerie« leitet sich von einem Bogengang (ital.: galleria) im Obergeschoss der florentinischen Uffizien ab, den das italienische Herrschergeschlecht der Medici seit dem 16. Jahrhundert zur Ausstellung seines Kunstbesitzes nutzte.

Klugscheißer!

Von dort aus entwickelte sich der Begriff dann weiter, bezeichnete Gemäldegalerien und Kunstmuseen sowie schließlich auch Räume, in denen Kunst gewerblich zum Kauf angeboten wird.

Denn das ist die Funktion einer Galerie. Sie ist ein Ort, an dem Händler, also hier die Galeristinnen, Gemälde & Co. ausstellen, um sie im Namen der Künstler zu verkaufen. Ein guter Galerist übernimmt nicht nur die Organisation von Ausstellungen, sondern betreut seine Künstler auch in rechtlichen und steuerlichen Fragen. Dafür erhält er eine Provision vom Verkaufspreis. Diese kann bis zu 50 Prozent betragen. Bevor Sie sich jetzt aber einen Ferrari bestellen, sei Ihnen gesagt, Frau Decker, dass Sie natürlich alle Kosten für den Betrieb der Galerie, inklusive Personal, Kataloge, Einladungskarten, Anzeigen und täglich mehrere Karton Weißwein, selbst tragen müssen.

Das klingt alles sehr einsam und langweilig, Herr Westerbeck. Nun mache ich mir auch nichts aus Weißwein, auch nichts aus Bildern. Und aus Skulpturen schon gar nicht. Manchmal erkenne ich das, was der Künstler ausdrücken will, doch meistens erinnert es mich an Matschepatsche aus dem Erdreich. Meine Wohnung ist voll mit billigem Tand vom Flohmarkt. Wenn was rumsteht, ist das gebrauchtes Geschirr. Mir schießt kein Adrenalin ins Blut, wenn ich ein Gemälde aus dem 17. Jahrhundert anschaue. So. Habe fertig. Und 50 Prozent Provision bei vollem Kostenabzug? Das hört sich nach ganz schwerer Gaunerei an. Ich kenne jedenfalls nur Künstler, die allesamt stark verarmt gestorben sind.

63

Manchmal frage ich mich, ob ich überhaupt von irgendwas Ah-
nung habe. Und muss ich heutzutage noch Ahnung haben? Oder
reicht ein gefährliches Halbwissen? Brauche ich Wissen? Wissen ist
Macht. Nichts wissen macht ooch nüscht (Berliner Volksmund).
*   Ist Wissen nicht völlig aus der Mode gekommen? Bei der Be-*
rufswahl nicht sogar hinderlich? Reicht es nicht aus, dass ich ein
Formular ausfüllen kann?

Was halten Sie von einem eigenen Geschäft, einem Store, einem Betrieb, einer Boutique, Frau Decker? Die Welt ist groß
und bunt und wir sind dabei. Das hat mit Selbstverwirkli-
chung zu tun. Außer mit einem Einkaräter kann man das
Antlitz einer Frau nur zum Leuchten bringen, wenn sie von
Lichtreklame beleuchtet ihren eigenen Laden eröffnet.

Ei|ge|ne La|den; der

Zeitlich ist *er* meistens kurz vor Auszug der Kinder und dem ersten Cabrio des von der Midlife-Crisis geplagten Ehemanns anzusiedeln. Glaubt man aber der Kosmetikindustrie, ist der Hauptgrund für die Ergrauung des Haupthaars bei den über 50-Jährigen, dass ihre Frauen wieder »zurück« ins Berufsleben wollen. Streng genommen muss es für ein »Zurück« ja ein »Davor« gegeben haben. Nun ist in den meisten Fällen eines solchen Comebacks kaum ersichtlich, in welchem Beruf frau denn wirklich tätig war, bevor sie sich dem Gebären von Kindern, Kochen von Hühnersuppe und jahreszeitbedingtem Dekorieren des Wohnzimmers hingab. Ach ja, nicht zu vergessen der Stewardessenjob, durch den sie ihren Mann kennengelernt hat.

Lassen wir an dieser Stelle die Vergangenheit ruhen und widmen uns herrlich aufgeregt dem neuen Lebensabschnitt, der mindestens noch einmal so viel wie das frisch abbezahlte Einfamilienhaus kosten wird: dem Wiedereintritt ins Berufsleben.

Qualifikationsbedingt ist die Selbstständigkeit der einzige Weg, den jeder gehen darf. Also mal ausgenommen von Handwerksberufen und anderen genehmigungspflichtigen Berufen wie Sprengmeister, TÜV-Prüfer oder Berufspilot, die allerdings auch zu 99 Prozent von Männern ausgeübt werden. Frauen indes konzentrieren sich auf andere Berufszweige und ebenfalls zu 99 Prozent kommt dabei immer der Wunsch auf, einen »eigenen Laden« aufzumachen.

Evolutionsbedingt könnte man den Grund beim Spielen mit dem Kaufmannsladen in der eigenen Vergangenheit und in der mit dem flügge gewordenen Nachwuchs kürzlich wieder durchlebten Kindheit suchen, aber die unternehmerisch denkende Frau hat eine viel simplere Erklärung dafür, die Lebensversicherung zu plündern und den »eigenen Laden« zu eröffnen, die da in neun von zehn Fällen und bei Nazan Eckes lautet: »So etwas fehlt hier in der Gegend!« Aha! Marktforschung, Bedarfsanalyse, Insolvenzregister und so weiter spielen keine Rolle mehr, wenn frau nach 20 Jahren Erfahrung mit Vollversorgung ihrer eigenen Familie feststellt, welches Geschäft genau aus der Top 5 »der am schnellsten nach Eröffnung wieder geschlossenen Läden« im Ort denn noch fehlt.

1. Teeladen
2. Wollstübchen
3. Esoterik-Zubehör
3. Kinderkleidung
5. Secondhanddesigner

Teeladen! Ein Teeladen wäre schön, Herr Westerbeck. Tee riecht gut, beruhigt oder belebt. Ich könnte mein angelesenes Wissen über ferne Teeplantagen und -sorten weitergeben. Für mitteilungsbedürftige Kenner würde ich einen Schnittlauchtee mit Herznote Bergamotte bereithalten. Manchmal würde mir ein freundliches Wesen ein Säckchen Jasmintee aus einem fernen Land mitbringen. Ich würde mich dann sehr darüber freuen, uns erst mal einen aufbrühen und mir von neun Uhr bis 18 Uhr den Urlaubsbericht anhören. Inklusive der Beschreibungen der Busfahrt von Lang

Lung bis Lang Fang. Doch Tee sollte nicht meine einzige Einnahmequelle sein. Auch erlesenes Porzellan würde zu meiner Produktpalette gehören. Teegeschirr, so dünn, dass Sie dadurch die Tageszeitung lesen könnten. Und Schnickschnack. Teeliebhaber lieben Schnickschnack. Servietten, bunt bedruckte, selbst genähte Einkaufsbeutel, Figürchen und andere Stehrumchen.

Tee|la|den; der

Frau Decker, unbestritten ist das der Klassiker unter den »Berufswünschen« wechseljahrgeplagter Frauen kurz vor dem Scheidungsjahr. Das mag auch daran liegen, dass Tee beruhigt. Vor allem Chinesen beruhigt er, die tonnenweise gehäckselte Abfälle von den Grünstreifen ihrer Stadtautobahnen in die alte Welt schicken, wo sie dann in spirituell anmutenden Runden mit exakt 79,4 Grad Celsius heißem Wasser als Lebenselixier aufgegossen werden.

Übersteigt der Import in die eigenen vier Wände dann irgendwann einmal den eines am Kaukasus angrenzenden Drittlandes, ist der erste Schritt zum eigenen Teeladen getan. Fortan wird also nicht nur mehr die Nachbarschaft mit Pfefferminze in Geschmacksrichtung Himbeere beglückt, sondern gleich die ganze Stadt.

Wer allerdings schon einmal in einem Teeladen war, wird feststellen, dass die fertig portionierten Beutel aus dem Supermarkt nicht nur viel besser schmecken und praktischer zu handhaben, sondern auch gleich um ein Vielfaches günstiger sind. Außerdem versuchen Mitarbeiter des Supermarkts nicht, mittels Exorzismus ihren Kunden das Kaffeetrinken auszutreiben.

Alles in allem gibt es also weder Gründe, einen Teeladen zu eröffnen, noch ihn als Kunde zu besuchen. Somit überlebt ein solcher Laden nicht länger, als wirklich guter Tee (den die Chinesen niemals außer Landes schicken würden) ziehen muss, und reißt lediglich ein meteoritengroßes Loch in die Familienkasse:

Miete: Zweijahresvertrag	
(davon ein Jahr und elf Monate als Leerstand)	24 000 Euro
Wareneinsatz: vier Überseecontainer	
(davon drei durch Ameisenbefall unbrauchbar)	50 000 Euro
Werbung:	4 000 Euro
Sonstiges:	2 000 Euro
macht zusammen	80 000 Euro

Das ist so desillusionierend, Herr Westerbeck! 80 000 Tacken habe ich gerade nicht locker und möchte sie auch nicht mehr dafür ausgeben. Dachte, Tee bekommt man auf Kommission. Überhaupt habe ich ganz anders gedacht als Sie.

Und wenn ich nun einen Wollwarenladen eröffne? Ich kann stricken. Ich habe schon mal einen Norwegerpullover aus Mohairwolle gestrickt. Rundherum mit Rentieren drin. Drei Jahre, dann war ich fertig. Meine Mutter hat ihn erst mal gewaschen. Zu heiß. Verfilzt hängt er heute noch beleidigt an meinem Teddybär. Häkeln kann ich auch. Topflappen. Was sonst. Noch heute stricke ich gerne Stulpen für die schnell kalt werdenden Handgelenke meiner Freundinnen. Und so ein Wollgeschäft hat etwas Heimeliges, fast wie ein Teeladen. Wer strickt, hat Zeit! Lässt sich beraten, welche Farben aktuell sind, welches Garn pflegeleicht ist und nicht kratzt, wie viele Maschen man aufnehmen muss, damit nicht alles wieder aufgeribbelt werden muss. Das sind die echten Themen, mit denen ich mich in meinem Alter beschäftigen möchte. Den ganzen Tag befinde ich mich in einem fluffigen Zustand, der allem Unheil menschlichen Elends trotzt.

In meinem Wollstübchen würden ordentlich die Nadeln klappern auf dem für begabte Kundinnen bereitgestellten Sofa. Darauf geben sie sich gegenseitig Tipps, ob sie, warum und wieso, Muschel- oder Stäbchenmuster bevorzugen. Stricken oder überhaupt Handarbeiten sind wieder »in«. Selbstgemachtes wird wieder geschätzt, hat Hochkonjunktur. Meinen Laden würde ich in der Nähe einer Irrenanstalt eröffnen. Irre stricken gern und viel. Ist so eine Art Therapie, wird angeraten. Bitte, Herr Westerbeck, das ist das Richtige für mich, ich bin mir sicher. Herrlich, ich könnte die ganze Welt einweben …

Woll|stüb|chen; das

Entschuldigung, Frau Decker, aber momentan bringe ich nur ein geringes Verständnis für Ihren Wunsch auf. Jede Kindheit hat schlimme Momente. Länder- und kulturabhängig unterscheiden sich diese wie Schulhofschlägereien in Neukölln und in einer schwäbischen Waldorfschule. Durch eine Sache muss wohl aber jeder Heranwachsende irgendwann einmal durch, nämlich ein selbst gestricktes Kleidungsstück zu tragen. Jetzt häkelt sich aber nicht nur mehr die alleinstehende Erbtante um Kopf und Wollmaus, sondern erschreckenderweise greifen auch immer mehr junge Frauen zu Nadel und Faden, um ihre Umwelt in den zweifelhaften Genuss selbst gemachter Kleidung zu bringen. Was bei der Erbtante noch Sinn macht, diese Kleidung (wenn auch widerwillig) im Hinblick aufs Geld zu tragen, kratzt im anderen Fall wie ein schlecht sitzender Baumwollschal nicht nur gefährlich am Selbstbewusstsein junger Menschen, sondern führt auch dazu, dass diese Bestätigung auf der anderen Seite in ein berufliches Abenteuer namens »Wollstübchen« führt.

Warum ausgerechnet Frauen empfänglich für falsch gemeinte Komplimente sind, müsste in einem gesonderten Buch geklärt werden. Unbestritten, ein »Oh, die Socken sehen aber kuschelig aus« kann die Adressatin in eine fragwürdige berufliche Existenz führen, die innerhalb kürzester Zeit ein Schild mit »Nachmieter gesucht« hervorbringt.

Außerdem muss die Frage erlaubt sein, warum »Zara«, »H&M«, »C&A« und so weiter unsere Innenstädte erfolgreich mit modisch akzeptierter Kleidung besetzen können, wenn sich da draußen eine Gruppe strickender Dinosaurierinnen die Stopfkissen mit Zaubertrank zuballert und den Aufstand probt? Ganz einfach: deren Sachen sehen irgendwie selbst gemacht aus. Und was in anderen Lebensbereichen auch nur so mäßig gut funktioniert, nämlich selbst gemalte Bilder, selbst gebastelter Weihnachtsschmuck oder gar selbst gebaute Autos, führt auch bei selbst gestrickter Kleidung unweigerlich zu dem Ergebnis, dass es meistens nur dem Erzeuger gefällt. Deshalb, lassen Sie davon ab, Frau Decker. Bitte! Eher würde ich Ihnen zu einer Esoterik-Handlung raten.

Esoterik-Handlung? Sie machen sich doch nur lustig, Herr Westerbeck. Nur was Sie sehen, erkennen Sie auch an. Ihnen traue ich sogar Atheismus zu. Als ich Ihnen neulich beim »Auf Wiedersehen« ein gut gemeintes »Gott schütze Sie« zuhauchte, schauten Sie spöttisch zur Seite. Für Ihr Vorhaben bei einem namhaften Fernsehsender wollte ich eine Engelkarte für Sie ziehen. »Da ziehe ich lieber die Leine«, sagten Sie. Das hat wehgetan. Trotzdem, viel-

leicht können Sie ja doch etwas Nettes in einem Esoteriklädchen
sehen, mir zuliebe. Springen Sie bitte über tausend Schatten und
versuchen Sie es wenigstens.

Eso|te|rik|zu|be|hör; das

Sie verkennen mich, Frau Decker, weiß ich doch um Ihre
empfindsame Seele. Fast in jeder guten Stube wird heute so
manche Salatschüssel zum Klangkörper, das Teelicht zur Räu-
cherkerze und aus einem simplen Kartenspiel ein Tarot. Das
ist hip, wenn ein Hauch von Esoterik über den Küchentisch
weht. Wenn frau das große Jahreshoroskop in der amtlichen
Frauenzeitschrift »BUNTE« nicht mehr reicht, heißt es für
die Immobilienmakler in der Stadt wieder: auf zum nächsten
Laden!

Was früher in der Hexenverbrennung endete, beginnt heute
mit durchgehenden Öffnungszeiten von 10:00 Uhr bis 22:00
Uhr und ein paar Regalbrettern aus dem Baumarkt ihres Vertrauens. Der Wareneinsatz ist bei der Esoterik zu vernachlässi-
gen, denn hier lautet die Devise, dass alles hilft, woran man
glaubt. Ähnlich wie »frittiert schmeckt alles«. Der Lampen-
schirm »Bauhaus« könnte zur Erleuchtung führen, was aber
leider viel zu selten passiert. Bleibt also nur die 1-Euro-Brat-
wurst als letzte Erinnerung an die sterbliche Welt, bevor frau
sich selbst im Schneidersitz die Karten Richtung Pleite legt.
  Dem Himmel sei Dank findet das Dealen mit esoterischen Waren meist nur in Großstädten statt, sodass wenigstens am Tag der Eröffnung sich ein paar potenzielle Kunden
einfinden, um bei weihrauchgetränkter Luft ihre gebatikten

Leinenhosen zu zeigen. Für finale Erleuchtung sorgt dann spätestens die Bank: Sie setzt dem Treiben im dritten Monat ohne Einnahme ein mit Überziehungszins gepfeffertes Ende.

Nennen Sie das über tausend Schatten springen, Herr Westerbeck? Sollte ich je eine Esoterikbude mit geweihten Edelsteinen, Duftölen, Amuletten, Orakelkugeln, Engeln und Elfen, Büchern und Meditationszubehör eröffnen, werden Sie das niemals erfahren!

Frau Decker, nicht sauer sein, ich möchte Sie nur vor Unheil bewahren. Als Ihr Freund kann ich Sie doch nicht mit hundert Sachen in Ihr Unglück rennen lassen, was denken Sie von mir. Und bevor Sie als Kinderlose (danken Sie jeden Tag Ihrem Schöpfer dafür) jetzt mit dem Wunsch um die Ecke kommen, einen Laden für Kinderbekleidung zu eröffnen, sei Folgendes dazu gesagt.

La|den für Kin|der|be|klei|dung; der

Man kriegt das Kind zwar aus der Mutter, aber niemals die Mutter aus dem Kind. Oder andersrum. Der nicht ganz ernst gemeinte Ansatz soll zum Nachdenken anregen, warum Frauen ausgerechnet dann damit anfangen, sich wieder mit Kinderkleidung zu beschäftigen, wenn selbige kurz davor sind, von zu Hause auszuziehen.

Jedenfalls betreiben, bei gleichzeitig sinkender Geburtenrate, mittlerweile mehr angehende Silver Ager Läden für Kinderkleidung, als es SB-Back-Shops gibt. Dass bei Frauen regelmäßig das Kleinhirn aussetzt, wenn es um Kinder geht, ist mit der Namensgebung des Nachwuchses ja schon oft genug bewiesen worden, aber die Auswüchse, wenn es um die Kleidung für die Heulbojen geht, nimmt allerdings Formen an, die jede »Zalando«-Werbung in den Schatten stellt.

Moment, Herr Westerbeck. Bei allem Interesse an einem neuen Beruf möchte ich Sie an dieser Stelle unterbrechen, um mit Ihnen kurz über die angesprochene Namensgebung bei Kindern zu sprechen. Lassen Sie Ihren Gedanken freien Lauf und erheitern Sie mich doch bitte ein wenig zwischendurch.

Gerne, Frau Decker. Nehmen wir die Familie Ochsenknecht. Deren ältester Spross wurde »Jimi Blue« getauft. Das erinnert mich persönlich an diese neuen DVD-Player mit besonders scharfem Bild. Oder Sarah Connor. Die hat ihr Letztgeborenes »Delphine Malou« getauft. Hoffentlich ist es nicht in einem Schleppnetz zur Welt gekommen. Des Weiteren sind ja auch Städtenamen bei den Promis sehr beliebt. Verona Pooths »San Diego« zum Beispiel. Seitdem bete ich regelmäßig, dass die »RTL2«-Prominenz rund um die Pseudo-Doku »Die Wollnys – eine schrecklich große Familie« nichts mehr auswirft. Sonst gibt es demnächst wohl auch Kinder namens »Korschenbroich«, »Meerbusch« oder »Tönisvorst«. Dass bei denen Lackentferner im Schnapsglas ist, war mir ja immer klar, aber dass unser Lieblingsgoldfisch Franziska van Almsick bei der Benennung ihrer Söhne ebenfalls leicht benebelt gewesen sein muss, schockierte mich schon sehr. »Don Hugo« und »Mo Vito« lautet das Ergebnis. Für mich hört sich das eher wie ein gelungener Abend in der Cocktailbar als ein verantwortungsbewusster Umgang mit jungem Leben an: »Mach' mir doch mal 'nen Don Hugo und der besoffenen Alten neben mir 'nen doppelten Mo Vito!«

Herr Westerbeck, reicht man Ihnen den kleinen Finger, nehmen Sie gleich die ganze Hand. Wenn ich mich jetzt nicht mehr in der Öffentlichkeit blicken lassen kann, sind Sie schuld. Was macht denn nun der eigene Laden für Kinderbekleidung? Gibt es für mich auch einen Grund, einen zu eröffnen, auch wenn ich noch keine unschuldigen Menschenkinder mit einem Namen gequält habe, den ich mir beim Scrabble zusammenwürfelte?

Somit sind Sie auch schon beim wortwörtlich springenden Punkt angekommen, Frau Decker: Es gibt generell immer weniger vernünftige Gründe, Kleidung in klassischen Geschäften zu kaufen. Aber Vernunft hat bei der Gründung eines eigenen Ladens nichts zu suchen. Ganz im Gegenteil. Es ist eher wie in der Religion. Erwartungen sind wichtiger als Ereignisse. Dazu kommen noch Versprechungen aus dem Cappuccino trinkenden Freundeskreis, der natürlich nichts Besseres zu tun hat, als im Umfeld eines mit »ADO Goldkante« dekorierten Kaffeeklatsches die Neugründung des Ladens für Kinderklamotten mit den Worten »Dann kaufe ich die Sachen für meine Enkelkinder alle bei dir!« zu befeuern. Dumm nur, wenn die Enkelkinder noch zehn Jahre auf sich warten lassen, weil die eigenen Blagen das BWL-Studium einfach nicht in Regelzeit beenden wollen. So bleibt es also auch bei dieser Geschäftsidee dabei, dass sie mindestens eine Lebensversicherung und den Eintrag einer Hypothek ins Grundbuch kostet. So weit die schlechten Nachrichten. Die gute ist, dass
264 hellblaue Strampler,
432 rosa Kleidchen,
115 T-Shirts mit Disney-Motiven,
54 Schneeanzüge,
308 Jeanshosen in den Größen 92–116

und 146 übrig gebliebene Rollkragenpullover in diversen Farben dafür sorgen, dass man auf jeder Taufe ein gern gesehener
Gast ist. Und so ähnlich verhält es sich mit einem Second-
handgeschäft, Frau Decker.

*Stimmt doch gar nicht, Herr Westerbeck! Ich mag Secondhandlä-
den. Da habe ich schon viele schöne Stücke gefunden, die sich
zwar nach dem Waschen gleich atomisiert haben, aber schön waren sie.*

Se|cond|hand-De|sig|ner|shop; der

Einem alten Sprichwort nach ist im Krieg und in der Liebe
alles erlaubt. Bei Frauen, die sich sehnsüchtig eine Existenz
wünschen, muss das Sprichwort noch um »bei Designerkla-
motten auch« ergänzt werden. Die mehrseitigen Anzeigen-
kampagnen von »Louis Vuitton« & Co haben ihre Wirkung
nicht verfehlt. Man kann der modernen Frau eher den Schoß-
hund amputieren, als ihr die Designerhandtasche wegneh-
men. Handtaschen, Gürtel, Portemonnaies und maximal
noch der Schlüsselanhänger vom »Mini-Cabrio« sind dann
aber auch alles, was die meisten Frauen unter Designerkla-
motten verstehen. Es ist eher weniger zu beobachten, dass
Kleider von den Haute-Couture-Schauen in der Öffentlichkeit ausgeführt werden. Umso mehr gilt der Spruch: »Ein
Designerstück wertet jedes Pimpkie-Outfit auf.«

Auf der Suche nach dem zweiten Designerstück paaren sich
bei sinnsuchenden Frauen in der Existenzgründung Jagdins-
tinkt und Geschäftssinn. Die logische Konsequenz ist der ei-

gene Laden, in dem gebrauchte Designerkleidung an- und verkauft wird. Unabhängig von den mangelnden Grundkenntnissen in Mathematik ist dabei viel mehr zu beachten, dass Frauen in solche Läden wirklich nur potthässliche Dinge wie zum Beispiel die Rudolph-Moshammer-Gedächtniskrawatte ihres Mannes bringen – und falls es doch mal ein schönes Stück in die 60 Quadratmeter schaufensterbeplankte Vollpleite schafft, es die Inhaberin direkt für sich selbst entdeckt und entsprechend nicht mehr zum Kauf anbietet. Wenn sich Katzen wirklich in den Schwanz beißen können, dann tun sie es auf jeden Fall beim Handel mit Secondhand-Designerkleidung.

Was nach höchstens drei Monaten Ausflug in die Selbstständigkeit bleibt, ist eine Ansammlung von Klamotten, bei denen selbst das »Rote Kreuz« sagt, dass syrische Flüchtlinge auch ihren Stolz haben.

Jetzt reicht es mir aber, Herr Westerbeck. Es muss doch ein Verzeichnis geben, in dem berufliche Möglichkeiten aufgezeigt werden. Wir leben in Deutschland und damit in einer sozialen Hängematte mit einer Auswahl an erfolgreichen Arbeitsvermeidungstaktiken. Vielleicht sollte ich mir einfach mal 'ne Auszeit nehmen, in Ruhe nachdenken, mich auf den Ämtern inspirieren lassen. Ich bin doch Künstlerin, dann eben ab sofort Lebenskünstlerin. Ein bisschen Schnorren kann nicht schaden. Gibt es dafür einen Leitfaden? Eine Art Fibel für Faule/Suchende?

So|zi|ale Le|xi|kon; das

Aber sicher doch, Frau Decker. In Deutschland verhungert außer bei Heidi Klums Topmodels niemand. Und für Frauen, die nicht essstörungsbedingt nach gut bezahlten Jobs suchen, hat unser geliebtes Vaterland bedarfsgerechte Hängematten gehäkelt, die nur darauf warten, zwischen Küche und Schlafzimmer gespannt zu werden. Klar, der ein oder andere Fallstrick wurde auch gespannt, aber grundsätzlich bleibt per Definition von Sozialleistungen erst einmal Folgendes festzuhalten:

> »Eine Sozialleistung dient der Sicherung oder Verwirklichung der Grundbedürfnisse des menschlichen Daseins eines Menschen durch andere Menschen. Sie wird privat oder staatlicherseits durch ein Gemeinwesen in Form von Dienst-, Geld- oder Sachleistungen erbracht. Die jeweilige Definition von Leistungen und Grundbedürfnissen ist abhängig von den Wertvorstellungen des jeweiligen Gemeinwesens und obliegt darüber hinaus einem ständigen Wandel.«
> (Quelle: www.wikipedia.de)

Mit diesen Worten könnte man auch jede zweite Ehe beschreiben, die auf der Münchner Maximilianstraße geschlossen wurde, oder sämtliche Beziehungen von Lothar Matthäus, aber das Thema ist zu ernst, um es gemütlich auf einer Bierbank wegzuschunkeln. Ganz im Gegenteil. Es lohnt sich, einmal ernsthaft hinzuschauen und die Perlen bundesdeutscher Gesetzgebung endlich auf den Sockel zu heben, den sie verdient haben. Den eines vollwertigen Jobs!

Herd|prä|mie; die

Die Herdprämie, kürzlich erst und politisch korrekt als Betreuungsgeld eingeführt, entlohnt Frauen, die es vorziehen, sich um ihren Nachwuchs selbst zu kümmern, statt es den Profis in der KiTa zu überlassen. Somit können die beschürzten Mütter weiter mit der besten Freundin telefonieren, zu »Britt« am Mittag bügeln und – während ihre Kinder mit beiden Fingern in der Steckdose festhängen – behaupten, dass Kindererziehung ein richtiger Job sei.

Pfle|ge|geld; das

Das Pflegegeld, in mehrere Stufen eingeteilt, entlohnt Frauen, die sich nicht von ihren Eltern trennen können und diese zu Hause gefangen halten. Gleiches gilt auch für Schwiegereltern, wobei deren Betreuung um ein Vielfaches ruppiger verläuft. Die Einteilung in die Pflegestufen hat mittlerweile die breite Gesellschaft auch über Deutschlands Grenzen hinaus erreicht. So teilte der italienische Immer-mal-wieder-Ministerpräsident Silvio Berlusconi die Teilnehmerinnen seiner Bunga-Bunga-Partys angeblich nach dem Krankenkassensystem ein. Pflegestufe drei begann da allerdings schon ab Mitte 20.

Kin|der|geld; das

Das Kindergeld, im Osten Berlins umgangssprachlich auch als Zeckenknete verschrien, ist besser als sein Ruf. 184 Euro zahlt die Familienkasse monatlich pro Schreihals, der nicht nur die Nachbarn, sondern in erster Linie seine Eltern nervt, an Entschädigung. Ab dem dritten Kind steigt der Betrag sogar auf 190 Euro und für jedes weitere gibt es dann 215 Euro (Stand Herbst 2013).

Wären Angelina Jolie und Brad Pitt Deutsche, hieße das, dass der Privatjet komplett vom Kindergeld getankt werden könnte. Für alle anderen rechnet sich schon ein Nachfahre wie folgt:

12 Monate x 184 Euro x 21 Lebensjahre = 46 368 Euro oder ein nigelnagelneues 3-er Cabrio von »BMW« mit dem seidenweich laufenden Zwei-Liter-Sechszylinder, Sportpaket und 18-Zoll-Alufelge (Stand Herbst 2013). Mit der Aussicht macht das Stillen in der Nacht doch gleich doppelt Spaß und Oma kauft doch eh mehr als nötig fürs Enkelkind ein.

Wohn|geld; das

Das Wohngeld, umgangssprachlich auch als Quadratmeter-Expander bezeichnet, hilft allzu eingeengten Frauen, wenn es darum geht, die 40 Quadratmeter im Erdgeschoss gegen ein 240 Quadratmeter großes Penthouse zu tauschen, ohne gleich einen russischen Oligarchen heiraten zu müssen. Erfahrungsgemäß kommt es beim Amt nicht gut an, wenn der Wunsch nach einem eigenen Ankleideraum als Grund für den finanziellen Zuschuss angegeben wird. Ungemein helfen tut aber eine kürzlich zurückliegende Scheidung inklusive Überlass einer Handballmannschaft großen Kinderschar. Letztere kann frau sich auch problemlos für den Besichtigungstermin leihen, sofern sichergestellt ist, dass diese auch geschlossen »Mutti« zu ihr sagt.

Mut|ter|schutz; der

Der Mutterschutz schützt, wie irrtümlicherweise oft geglaubt, nicht davor, Mutter zu werden. Er sichert nur ab für den Fall, dass frau sich während der Schwangerschaft wie eine trächtige Wildsau verhält. Zumindest innerhalb des Arbeitsverhältnisses. Panikattacken, spontane Übelkeit oder Kratzbürstigkeit finden unter der Saugglocke moderner Gesetzgebung Platz – solange keiner ernsthaft verletzt wird. Das Beste daran ist, dass frau nach der Geburt an die Stelle ihrer knapp neunmonatigen Schreckensherrschaft sogar zurückkehren und – zum Entsetzen ihrer Arbeitskollegen – völlig übermüdet wieder in die Geschicke der Firma eingreifen darf.

Ren|te; die

Die Rente ist sicher!

El|tern|geld; das

Das Elterngeld bezahlt, ähnlich wie die Herdprämie, Eltern dafür, dass sie Eltern geworden sind und auf ihre Kinder aufpassen, statt arbeiten zu gehen. Was im Magdeburger Plattenbau seit Generationen von Arbeitslosen als normal gilt, hilft in diesem Fall besser situierten Müttern, die vor der Schwangerschaft immerhin so was wie Arbeit hatten. Das Leben ist ungerecht und der Teufel sch....t immer auf den größten Haufen.

Hartz IV; der; die; das

Hartz IV ist leider nicht der neue Duft von »Christian Dior«, sondern traurige Realität in vielen Familien. Bei aller Lustigkeit verzichten die Autoren an dieser Stelle gerne auf gut gemeinte Ratschläge.

BA|föG; das

BAföG sollte das Ziel jeder verantwortungsvollen Erziehung sein. Was gibt es denn Besseres als Kinder, die vom Staat fürs Studieren bezahlt werden? Außerdem macht diese Förderung in angenehmer Weise Platz für Anschaffungen wie Designerhandtaschen, ein zweites Cabrio vom Typ »3-er BMW« und ausgedehnten Urlauben in exotischen Wellness-Resorts. Einzig strittig in der Erziehungsszene ist allerdings, ob man dem eigenen Kind sagen sollte, dass BAföG eines Tages mal zurückgezahlt werden muss. Andererseits, wie sagte schon der alte Neckermann: »Immer fit mit Kleinkredit!«

Düs|sel|dor|fer Ta|bel|le; die

Die Düsseldorfer Tabelle ist weder das Verzeichnis der bestgeführten »Kö«-Edelboutiquen (vergleichen Sie auch das »Kö-Weibchen«), keine Zulassungsstatistik von schwarzen Geländewagen mit beigefarbenen Ledersitzen (vergleichen Sie bitte »SUV«) und hat schon gar nichts mit dem Ligaplatz vom FC Düsseldorf (vergleichen Sie bitte »Spielerfrau«) zu tun. Die Düsseldorfer Tabelle regelt die Höhe des Unterhalts, den ein Vater für sein Kind zahlen muss. Also ähnlich wie beim Leasing. Was bei Vätern aber regelmäßig für schlaflose Nächte sorgt, kann die Kindsmutter je nach Einkommenssituation ihres Ex auch direkt in die glücklichen Arme eines angesagten Modedesigners treiben.

Pri|vat|in|sol|venz; die

Nerven die Versandhäuser mit ihren Mahnungen? Kommt nur noch Kaltwasser aus der Dusche? Und schreibt Ihre Bank Sie auf Griechisch an? Dann ist die Zeit für den geordneten Rückzug gekommen, den die Pazifisten unter uns auch als Privatinsolvenz bezeichnen. Dann heißt es ein paar Jahre die Füße stillhalten, bevor die nächste Angriffswelle auf die Internetshops begonnen werden kann.

Das ist mir alles zu theoretisch, Herr Westerbeck. Da blicke ich nicht durch. Und an grauen Automaten eine Nummer ziehen und fünf Stunden später drankommen, ist mir zu öde. So ein Amt gehört nicht gerade zur Schaltstelle des Vergnügens. Die Möbel prähistorisch, die Luft hat schon morgens um neun Feierabend

gemacht und die Dame hinter dem Schreibtisch sieht so aus, als
hätte es bei der Zeugung schnell gehen müssen. Was sie aber mit
einer sensationellen Designerbrille von »Fielmann« wettzuma-
chen versucht. Mit der Energie eines Topflappens nimmt sie An-
träge …, ach, lassen wir das. Es muss doch außerhalb von Amts-
stuben einen Landstrich in Deutschland geben, wo ich ganz Frau
sein kann, wo ich mein Erspartes verplempern kann, ohne Sorgen
an das Morgen denken kann. Einfach in die gute alte Zeit eintauchen, als eine Frau sich nur fragen musste, was koche ich und was
ziehe ich an?

Düs|sel|dor|fer Kö(nigs|al|lee)-Weib|chen; das

Liebe Frau Decker, da habe ich etwas ganz Besonderes für Sie!
Hätte ein »Gucci«-beseelter Gott so etwas wie das perfekte
Umfeld für den weiblichen Markenfetischismus und Pelzdich-
ten höher als in Grönland frei erschaffen dürfen, wäre bestimmt so etwas wie die Düsseldorfer Königsallee dabei raus-
gekommen. Bundesweit als die »Kö« bekannt, gehört sie zu
den führenden Luxuseinkaufsstraßen Europas. Nun wurde sie
nicht von Gott erschaffen, was ein Großteil der Düsseldorfer
allerdings vehement bestreitet. Die Kö ist in erster Linie ein
Spielplatz gelangweilter Millionärsgattinnen, die ihren Bagger
gerne in zweiter Reihe parken und das lackierte Schäufelchen
in die »Louis Vuitton«-Auslage stecken.

35 Jahre »EMMA« und jeder Tag erkämpfter Emanzipa-
tion seit Rückkehr der Wanderhure erblassen, wenn sich vor-
mittags auf der Düsseldorfer Kö 1,80 Meter lange Beine aus
einem SUV pellen und auf 17 Zentimetern Richtung Design-
erboutique stöckeln. Hier finden Frauenquote, Gleichbe-

rechtigung und der Geschlechterkampf maximal im Parkhaus statt. Und wenn der High Heel mal außerhalb des mit Orientteppich ausgekleideten Fußraums drückt, dann ist die schwarze Kreditkarte schneller als jede Augenbraue gezückt.

Kö-Weibchen zu sein, Frau Decker, ist keine Lebenseinstellung, sondern ein Job. Und ein verdammt harter dazu. Neben durch High Heels bedingten Hüft-OPs, dem sogenannten »Prada«-Rheuma in der linken Schulter und Bandscheibenvorfällen in der goldbehangenen Halswirbelsäule muss das Kö-Weibchen noch vor Genuss dieser Krankheiten sich zunächst einmal das Gehirn amputieren lassen. So war es zumindest noch in der Nachkriegsgeneration geregelt. Die neben dem Wirtschaftswunder auch ein Fräuleinwunder erschuf. So wurde der Grundstein für den Beruf der dekorierenden Frau an der Seite ihres Zigarre rauchenden Konrad-Adenauer-Verschnitts in der Steinkohleindustrie gelegt.

Heute ist das – im Zusammenhang mit diesem Thema kann man ihn gar nicht oft genug ins Spiel bringen – Gott sei Dank ganz anders. Die zweite Generation Kö-Weibchen wird bereits gehirnamputiert geboren. Als zoologisches Paradebeispiel gilt hier die Familie Ohoven, deren Anführer Mario, herrlich kapitalistisch, nicht nur dem »Bundesverband mittelständische Wirtschaft« (BVMW) als Präsident vorsteht, sondern Gleiches auch für die »Europäische Vereinigung der Verbände kleiner und mittlerer Unternehmen« tut. Dazu trägt er passend hellblaue Hemden mit weißen Kragen und Manschetten, die blau-rot gestreifte Krawatte und ein dunkelblaues Sakko mit goldenen Knöpfen. Seine Frau und Kö-Weibchen der ersten Generation, Ute-Henriette Ohoven, macht neben Kampfschminken nicht nur glücklicherweise was mit Charity, sondern hat der Familie auch eine Tochter namens Chiara geschenkt, die nicht nur Gewinnerin zur Wahl »Promi des Jahres 2005« war, sondern sich auch im Selbstversuch die Lippen mit Bauschaum aufgespritzt hat. Wer jetzt noch Zweifel an der Theorie von bereits gehirnamputierten Nachfolgegenerationen hat, möge bitte weiterblättern oder sich bei der folgenden Beschreibung des Tagesablaufs eines Kö-Weibchens Chiara Ohoven vorstellen. Um biologisch und sprachlich korrekt zu arbeiten, wird das Kö-Weibchen mit »es« angesprochen.

14:00 Uhr
Aufstehen! Morgenstund hat bekanntlich Gold im Mund. Das Kö-Weibchen räkelt sich ungläubig in der weinroten Satinbettwäsche und vergräbt trotzig das Gesicht im Kopfkissen. Ein gedämpftes »Soooooo früh?« ist für geübte Vogelforscher zu vernehmen.

14:05 Uhr
Jetzt ist Nervenstärke gefragt. Das Kö-Weibchen zeigt sein Gesicht. Unerfahrene Beobachter erschrecken, da ein Vorne aufgrund fehlender Schminke nicht zu erkennen ist. Ist es die Nacht zuvor beschwipst ins Bett gegangen, was jahreszeitenunabhängig sehr oft vorkommt, kann eine zerlaufene Mascara für zusätzliche Schreckensmomente sorgen. Aber keine Angst. Es ist trotzdem gesund.

14:06 Uhr
Zufrieden guckt das Kö-Weibchen an die Schlafzimmerdecke und pupst. Bereits der morgendliche Pups riecht nach »Chanel N° 5«.

14:07 Uhr

Noch im Bett liegend wird das Smartphone aktiviert: Das Kö-Weibchen fliegt durch die Welt von »WhatsApp«, »Twitter« und »Facebook«. Auf dem Datenhighway ist die Hölle los. Verabredungen zum Sport, zum Lunch, zum Shoppen und zum Cocktailempfang werden organisiert.

15:07 Uhr

Das Kö-Weibchen ist mittlerweile aufgestanden und surft beim Zähneputzen weiter mit dem Smartphone: »Bild.de«, »Bunte.de«, »Gala.de« – wer mit wem, wenn ja, wie oft, und vor allem warum? Ist es selbst nicht Gegenstand der Berichterstattung, guckt es sich wie ein Wellensittich im Spiegel an und tröstet sich selbst. Dabei entdeckt es einen körperlichen Makel.

15:30 Uhr

Scheiß Personal! Das Bircher-Müsli ist zu durchgeweicht, im O-Saft sind Kerne und der Espresso ist um zwei Grad Celsius zu heiß aufgebrüht worden. Das empfindliche Kö-Weibchen ist aufgebracht. Es droht damit, alle rauszuschmeißen. Diese Drohung verhallt aber ungehört. Erstens verstehen die Thais kein Wort und zweitens zahlt der Partner des Weibchens das Personal. So wie alles andere auch.

15:31 Uhr

Derart in die Enge getrieben, steckt sich das Kö-Weibchen einen Finger in den Hals und übergibt sich. Erleichterung tritt ein.

15:32 Uhr

Wieder Zähne putzen. »Bild.de« meldet, dass die Beziehung von Leonardo di Caprio im Arsch ist. Noch mal den Finger. Leo steht auf Models.

15:40 Uhr

Handtasche packen. Die Handtasche ist, neben der Kö, der eigentliche, natürliche Lebensraum des Weibchens. Ein Umfeld aus Lipgloss, Haarspray und einem Bündel 500-Euro-Scheine lassen es neben Leos Trennung fröhlich aufjauchzen.

15:45 Uhr

Es fährt den schwarzen »Porsche Cayenne« mit beigefarbenen Ledersitzen aus der Tiefgarage des Penthouse mit Rheinblick. Dabei zerstört es zwei Felgen an den Fahrbahnbeschränkungen. Mit Blick in den Rückspiegel schminkt es sich zu Ende. Vor allem zieht es sich immer wieder die Lippen nach. Seit sich die Presse darüber einmal lustig gemacht hat, ist das Kö-Weibchen unsicher.

15:46 Uhr

Mit dem Handy am Ohr überfährt es die erste rote Ampel. Dabei hupt das Kö-Weibchen und nimmt wüst schimpfende Fußgänger ins Ziel. In solchen Momenten ist mit dem Kö-Weibchen nicht zu spaßen und die meisten Biologen nehmen Abstand.

15:47 Uhr

Zur Beruhigung dreht es David Guetta im Radio auf volle Lautstärke. Den herannahenden Rettungswagen hört es nicht, behindert die Rettungsgasse und ist für einen Herzinfarkt-Toten mehr verantwortlich.

16:00 Uhr

Vollkommen gestresst betritt das Kö-Weibchen ein Luxusfitnessstudio. Sport zu treiben gilt hier als unschick. Davon abgesehen hat es auch gar keine Sportsachen dabei. Schließlich ist das Federvieh frisch gebürstet und braucht erst einmal einen Café au Lait.

16:01 Uhr

Die Lautstärke am blau beleuchteten Tresen ist unerträglich. Das Kö-Weibchen schnattert mit seinen 500 besten Freundinnen wild um die Wette. Heftig gestikulierend und beizeiten betroffen die Hand aufs Dekolleté legend, wird Leos Trennung besprochen. Abwechselnd mit dem neuesten David-Guetta-Song und der Frühjahrskollektion von »Miu Miu«.

17:00 Uhr

Sternfahrt zur Kö. In einer gaddafiähnlichen Wagenkolonne werden 2 000 Liter »Super Plus« verbrannt. Scampi-Stimmung! Lediglich das Mobilfunknetz bricht zusammen, da alle Kö-Weibchen miteinander telefonieren.

17:15 Uhr

Vorfahrt beim »Dolce & Gabbana Flagship-Store«. Die erfahreneren Kö-Weibchen nehmen einen Behindertenparkplatz. Alle anderen parken in zweiter Reihe. Jedes Weibchen fährt mindestens eine Alufelge kaputt.

17:17 Uhr
Vier schwule Verkäufer verteilen Komplimente wie Pflaster-
steine. Die Kö-Weibchen fallen erschöpft in Barcelona-Sessel
und fragen genervt nach Aschenbechern. Die ersten »Marl-
boro Lights« werden gepafft. 20 Gürtel, fünf Handtaschen
und ein Haute-Couture-Kleid später verlässt die Horde
schnatternd die Boutique.

18:00 Uhr bis 20:00 Uhr
Gleiches Procedere, nur jetzt bei »Chanel«, »Ralph Lauren
Black«, »Eickhoff« und so weiter. Bei »Eickmeyer« gab es
Häppchen. Sehr lecker. Danach haben sich die Kö-Weibchen
gemeinsam in den Waschräumen übergeben. Ein säuerlicher
Geruch umhüllt sie. Das ist den Weibchen unangenehm.

20:15 Uhr
Beim Promifrisör ist Late-Night-Cut angesagt. Letztendlich
ist das nur ein getarntes Vollbesäufnis. Dabei lassen sich die
Kö-Weibchen ihre Düsseldorf-blonden Spitzen schneiden.
Nach und nach treffen die Investmentbanker von der westlichen Kö-Seite ein und statten ihre Weibchen mit frischen
500-Euro-Scheinen aus. Im Vollsuff beichten diese die beschä-
digten Alufelgen.

21:30 Uhr
Es geht in den Düsseldorfer Medienhafen zum Steak und
Lobster essen. Die Stimmung wird zunehmend ausgelassener.
Heißt auf das unterernährte Kö-Weibchen bezogen konkret,
dass es seine Kinderstube mit an der Garderobe abgegeben hat
und anfängt, auf dem Tisch zu tanzen.

21:35 Uhr
Die Investmentbanker lehnen sich entspannt zurück und bestellen noch mehr »Wodka Red Bull«. Neben kleinen Beuteln
mit Kokain werden untereinander Wertpapiere und Not lei-
dende Lehman-Zertifikate getauscht. Das Leben ist schön
und der Dow Jones im Plus.

22:30 Uhr
Das Kö-Weibchen bedient fremde Gäste auf der Toilette mit
Blowjobs.

24:00 Uhr
In einem Club ist der VIP-Bereich reserviert. Das Kö-Weibchen hat sich nicht nur seiner Unterwäsche entledigt, sondern
sitzt auch breitbeinig da und züngelt wild mit einer seiner 500
besten Freundinnen rum. Der Rest filmt alles und lädt es bei
Facebook hoch.

02:00 Uhr
Die Investmentbanker sind geschlossen in ein Bordell gegangen. Ihren Kö-Weibchen haben sie weitere Bündel 500-Euro-
Scheine dagelassen. Resigniert müssen diese allerdings feststellen, dass die Geschäfte schon geschlossen haben.

02:15 Uhr
Verweint fährt das Kö-Weibchen im Geländewagen nach
Hause und verursacht einen Auffahrunfall.

02:45 Uhr
Auf der Polizeiwache glaubt man dem sichtlich verwirrten
Weibchen kein Wort.

03:00 Uhr
Das thailändische Personal holt es im Dienstwagen ab und
versorgt die Polizisten mit selbst gemachten Frühlingsrollen.
Das Kö-Weibchen verspürt ebenfalls Hunger und schlägt erst-
mals mit ruhigem Gewissen zu. Schließlich war es heute beim
Sport.

03:20 Uhr
Gesättigt liegt es wieder in der Satinbettwäsche und macht ein
Bäuerchen. Es riecht nach »Chanel N° 5«.

*Das hört sich doch spitze an, Herr Westerbeck. Besonders ins
Sportstudio gehen, ohne Sport zu treiben, käme mir sehr entgegen. Aber wer finanziert mir so ein Luxusleben? Das kostet doch
alles Geld. Und meine Eltern sind schon tot. Und alte, reiche
Säcke nehmen nur Frauen bis 26. Da hätte ich mich vor 30 Jahren auf die Socken machen müssen, um in der Bar eines 7-Sterne-
Hotels einen bereits nach Erde riechenden Ölmagnaten abzugrei-
fen. Ich wollte aber nie einen Mann, der schon fast 'nen Zettel am
Fuß hat. Und mit dem ich im Schlafzimmer die Körperteile raten
muss, die wir lange nicht mehr in der Hand hatten, um ihm danach die Münzen auf die Augen zu legen.*

*Meine Oma sagte immer: »Ein Mann ist wie ein Schneesturm,
man weiß nie, wann er kommt und wie viel Zentimeter er
bringt.« Sie hatte für alles einen Rat. Als Hebamme hatte sie vie-
les kommen und gehen sehen. Bei Geburten sagte sie nach jeder
Presswehe stets aufmunternd: »Ja, rein geht's besser als raus.« Sie
hatte es voll drauf, sich tiefsinnig in jeden Menschen hineinzuver-
setzen. Wenn ich ihr manchmal stundenlang mein Leid über diese
gemütskalten Ypsilons klagte, nahm sie immer alle Männer in*

Schutz und sagte: »Männer haben auch Gefühle, Gabi. Hunger und Durst.« Noch als alte Dame besaß sie eine Grandezza, wie sie die jungen Dinger kaum noch aufweisen können – selbst vor dem Fernseher. Jeden Abend um 20 Uhr saß sie mit frisch gestärkter Bluse vor dem TV-Gerät, und wenn Herr Köpcke sagte: »Guten Abend, meine Damen und Herren«, sagte Oma: »Guten Abend, Herr Köpcke«. Ihr Leben lang hat sie dafür gesorgt, das »Kloster-frau Melissengeist« und »Kölnisch Wasser« nicht pleitegehen. Zu Weihnachten hat sie die Plätzchen mit ihrem Gebiss ausgestochen. Herrlich, das waren noch Frauen!

Und wenn ich mir dann Ihre Beschreibung eines Kö-Weib-chens ansehe und vor allen Dingen deren Anhängsel, dann wird mir klar, wie sehr diese Frauen es hassen müssen, ihren Lebensun-terhalt selbst zu verdienen. Nicht wirklich meine Welt. Aber danke für die Ausführlichkeit, Herr Westerbeck. Vielleicht sollte ich mich auf die Trampelpfade meiner Großmutter begeben und Menschen beraten, therapieren. In Amerika liegt schon jeder Zweite auf der Couch. Besonders immer mehr Paare. Welche Be-ziehung hält heute noch länger als eine Tüte Milch?

Dabei gibt es spielerische Geheimnisse für eine gute Ehe. Ich sage zum Beispiel, niemals sagen: »Das habe ich dir gleich gesagt.« Ich summe es. Er weiß nicht, was es bedeutet, und ich fühle mich besser. Manchmal summe ich den ganzen Tag. Ich habe auch überhaupt kein Problem damit, zu sagen, »entschuldige bitte, ich habe mich geirrt«. Das Äußerste an Entschuldigung, zu der sich mein Partner hinreißen lässt, ist: »Entschuldige bitte, DU hast dich geirrt.«

Wir haben keine Kinder, wir treffen ja genug. Alle kriegen Kinder, selbst meine lesbische Klempnerin hat sich künstlich be-fruchten lassen ... von einem schwulen Gestalttherapeuten. Egal, ich finde, bevor man an eine natürliche Geburt denkt, sollte man sich erst mal klar werden, wie groß das Baby wird. Fünf Pfund sind okay. Alles darüber – Vollnarkose, Morphium, Heroin, irgendwas. Zum Beispiel meine Nachbarin: 26 Jahre, 1,70 Meter groß, das Kind wog fünf Kilo!!! Und die Ärzte haben sich gegen einen Kaiserschnitt entschieden … Sie haben Dynamit genommen und anschließend Wetten abgeschlossen, wer zuerst laufen kann. Sie oder das Kind. Und dass Männer jetzt alle mit in den Kreißsaal wollen. Stehen da doof rum und sagen »atme«. Wie auf dem Flughafen bei der Gepäckausgabe, starren nur ins Loch. Ich schweife schon wieder ab, Herr Westerbeck. Jedenfalls könnte ich als zukünftige Paartherapeutin einiges an Erfahrung mit in die Beratung einfließen lassen. Der häufigste Streitpunkt unter Paaren ist immer wieder das leidige Geld. Das erlebe ich fast täglich in meiner Beziehung.

Anders als mein »Mann« neige ich dazu, das Geld auszugeben, anstatt es zur Bank zu bringen. Man hört doch von immer mehr Banken, die pleitegehen. Ich wusste das gar nicht, sie nehmen mein Geld und investieren es. Ich finde schon, sie könnten mich vorher anrufen. »Hallo, hier ist Ihre Bank, wir haben vor, einem einschlägig vorbestraften Bauunternehmer Ihr Erspartes zu geben, sind Sie dabei?«

Okay, ich war nie gut in Mathe. Ich habe dieses Manko auch frühzeitig akzeptiert. Unter eine meiner ersten Mathearbeiten habe ich geschrieben, »ich heirate mal jemanden, der das kann«. Mein Mann kommt mit meiner Art zu rechnen nicht klar. Neulich habe ich mir eine todschicke Handtasche gekauft. 300 Euro. Sie war heruntergesetzt auf 150 Euro und ich brauchte dringend 'ne neue Handtasche. Für eine billige Handtasche, die nicht lange hält, hätte ich sicher auch 100 Euro bezahlt und so hat diese todschicke Handtasche eigentlich nur 50 Euro gekostet. Dann habe ich noch mal 100 Euro bei einem Kleid gespart, was runter-

gesetzt war. Und wenn ich das jetzt alles gegeneinander aufrechne, habe ich sogar 50 Euro verdient. Und mehr hat diese tolle Tagescreme, die überhaupt nicht fettet, auch nicht gekostet.

Was meinen Sie, Herr Westerbeck, bin ich nicht geradezu prädestiniert für eine ernsthafte Paartherapeutin? Auf Fragen wie »Warum bringt er nie den Müll runter?« könnte ich sofort eine professionelle Antwort geben: »Weil Sie es in der ersten Woche gemacht haben!«

Paar|the|ra|peu|tin; die

Da sehe ich tatsächlich großartige Ansätze für Sie, Frau Decker. Es gibt Frauen, die geraten in die absurdesten Situationen. In neun von zehn Fällen und bei Nazan Eckes hat das etwas mit Männern zu tun. Und es gibt Frauen, die geraten in die absurdesten Berufe. In neun von zehn Fällen steht dann irgendwas mit »Therapeutin« auf der Visitenkarte. Außer bei Nazan Eckes, die macht was mit Haaren. Das Wort »Therapeut« kommt aus dem Altgriechischen und bedeutet so viel wie der Diener, der Aufwartende, der Wärter oder der Pfleger. Heute wird der Begriff von Menschen benutzt, die einen Heilberuf oder ein Heilverfahren anwenden. In der Regel sind das Ärzte und eine Vielzahl von therapeutischen Berufen ist in ihrer Begrifflichkeit rechtlich geschützt. Um sich zum Beispiel Psychotherapeut, Ergotherapeut oder Logopäde nennen zu dürfen, bedarf es schon einer gewissen fachlichen Qualifikation. Aber auch nur dann. Der Begriff »Therapeut« ist in Deutschland nicht geschützt und darf von jedem verwendet werden (vergleichen Sie auch das Kapitel »Fernuniversität«).

So weit zur schlechten Nachricht. Die gute ist, dass Frauen, die sich als Paartherapeutin bezeichnen, auf Partys immer die besten Geschichten erzählen können, ohne im Job wirklich ernsthaften Schaden angerichtet zu haben. Beginnen tut das dann immer mit »Eigentlich stehe ich ja auch irgendwie unter

Schweigepflicht, aber: ...«.

Mit »Ja, aber ...« beginnen auch die meisten Streitigkeiten in Beziehungen, wovon wir an dieser Stelle einmal – durch repräsentative Umfragen, akribische Feldforschung und endlose Gespräche mit Paartherapeutinnen ermittelt – die Top 10 vorstellen möchten:

1) »Ja, aber ich dachte, du würdest verhüten!«
2) »Ja,aber warum hast du das nicht schon viel früher gesagt?«
3) »Ja, aber meine Mutter wollte Heiligabend nicht alleine sein.«
4 »Ja, aber die letzten zehn Jahre bin ich wirklich unfallfrei gefahren!«
5) »Ja, aber mit ›Dreier‹ meinte ich zwei Frauen.«
6) »Ja, aber dein Exfreund sollte jetzt wirklich mal ausziehen.«
7) »Ja, aber früher hat dir das gut gefallen.«
8) »Ja, aber ich hatte wirklich nichts mit ihm/ihr.«
9) »Ja, aber ich war auch ganz schön betrunken.«
10) »Ja, aber es war wirklich nur das eine Mal.«

So weit zur Ausgangslage. Gestritten wird immer und Frauen, die ihr Hobby zum Beruf machen, werden so schnell auch nicht aussterben. Wie genau muss man sich dann aber so einen Besuch bei einer Paartherapeutin vorstellen und vor allem: Wer schlägt ihn als Erster vor? Der Mann, die Frau oder die Therapeutin selbst?

Fangen wir bei der Therapeutin an. Wie kommen Frauen auf die Idee, gegen Entgelt anderen Paaren beim Streiten zu helfen? Eine Erklärung könnte natürlich sein, dass es selbst nicht zu einer Beziehung gereicht hat und frau sich so wenigstens Normalität ins Berufsleben holen möchte. Oder sie hatte so viele Beziehungen, dass es gottgewollt war, als Ratgeberin diese Erfahrungen an andere weiterzureichen. Wie auch immer. In den seltensten Fällen schien es vorab so gelaufen zu sein, dass ein »normaler« Beruf nicht infrage kam. Aber welcher Beruf gilt heutzutage noch als normal? In Zeiten einer durchtherapierten Gesellschaft, deren private Probleme das Nachmittagsprogramm der Privatsender in Gerichtsverhandlungen beschäftigen, musste man wohl irgendwann damit rechnen, dass die Paartherapie Einzug in den Alltag von Beziehungen hält.

Damit zu den Paaren, die sich in die Hände von Frauen begeben, deren Qualifikation in erster Linie zu sein scheint, das Schlupfloch in der Gesetzgebung erkannt und sich den Titel »Paartherapeutin« gegeben zu haben. Wie muss man sich den ersten Schritt vorstellen, der dann im Behandlungszimmer endet? Sagt irgendwann mal jemand in seiner Beziehung: »Schatz, ab jetzt brauchen wir aber 'nen Schiedsrichter!« Oder: »Noch ein Wort, dann bringe ich dich zur Paartherapeutin!«

Liebe Frau Decker, jetzt müssen Sie mir einmal helfen. Ihre Lebenserfahrung sollte das doch beantworten können; ich bin ratlos.

Ja, weil Sie, Herr Westerbeck, wie so viele andere Männer Ihrer Gattung, nie, nie, nie zu einer Paartherapeutin gehen würden. Männer meinen, die Wörter »Therapie« und »irre« würden wie ein siamesischer Zwilling zusammenhängen. Und die Paartherapeutin ist eine Sie und damit sofort auf der Seite der Frau. Das macht Männern Angst. Und die Themen bei so einer Sitzung sind seit den 1950er-Jahren die gleichen: Zahnpastatube, Socken rumliegen lassen, keine Komplimente, Desinteresse an den Kin-

dern, Suff, andere Weiber, keine Arbeit, kein Geld, Geiz, Verschwendung, Müll runtertragen, blah, blah, blah.

Wenn ich das jetzt so lese, will ich keine Paartherapeutin mehr werden. Da komme ich ja jeden Abend schlecht gelaunt nach Hause, im Rucksack die Probleme, die ich ohne diesen Beruf gar nicht hätte. Oder wie Eddie Cantor einmal gesagt hat: »Eine Ehe ist der gemeinsame Versuch, Probleme zu lösen, die man allein gar nicht hätte.«

Der Eddie ist ein ganz schlauer Fuchs, Frau Decker! So, was machen wir denn nun mit Ihnen? Bisher konnte ich Ihnen keinen Nebenberuf so richtig schmackhaft machen. Da ich noch keine Zwischenbilanz ziehen möchte, mache ich eine Bestandsaufnahme. Sie sind 56 Jahre, blond, langbeinig, attraktiv, können singen, sprechen und sind unterhaltsam. Bevor Sie mir gleich einen Lappen um die Ohren hauen, hören Sie sich bitte meinen nächsten Vorschlag an. Eine Frau mit Ihren Qualifikationen könnte ich mir durchaus auch als Escortlady vorstellen.

(Einen Augenblick bitte, das Nasenbluten von Herrn Westerbeck muss an dieser Stelle erst gestillt werden.)

Bitte, Frau Decker, nur zuhören …

Es|cort|la|dy; die

Wenn Frauen die normale Form der Prostitution dauerhaft als zu profan erscheint oder die Nähe zu ukrainischen Zuhältern einfach als nachhaltig unangenehm gilt, bietet es sich an, den Karrieresprung zur Escortlady in Angriff zu nehmen.

Wer diesen Sprung schafft, hat es geschafft: raus aus dem verregneten 2-Sterne-Bordell mit Etagentoilette und rein ins 5-Sterne-Luxusresort auf einer sonnenverwöhnten Landzunge im Mittelmeer. Dazu gibt es dann Jahrgangschampagner anstelle von »River Cola« und aus dem kalten Dönerteller vom nach Schweiß stinkenden Taxifahrer wird ein halber Hummer, serviert auf der Terrasse vom eigenen Butler.

(Es blutet wieder.)

Das ist die Theorie. Entgegen vieler anderer Karrierewünsche erfolgshungriger Frauen steht in dem Fall aber wirklich das Motto: »Ohne Fleiß, kein Preis!«

Jetzt ist »Fleiß« in diesem Zusammenhang ja ein sehr dehnbarer Begriff, liebe Frau Decker. Die fünfte Wiederholung von »Pretty Woman« im Ohrensessel zu gucken, gehört jedenfalls nicht dazu. In diesem Berufsfeld wollen mehr Rohre poliert werden, als »ThyssenKrupp« in einer Doppelschicht durch die Gießerei jagen kann. Also, hängen Sie sich schon einmal den Unterkiefer aus, während ich Sie mit ein paar Fakten versorge.

Unnötig, aber bitte, Herr Westerbeck.

Während des 20. Jahrhunderts galt ein sogenannter Prostitutionsvertrag, also die Absprache zweier Menschen, gegen Entgelt sexuelle Leistungen in Anspruch zu nehmen beziehungsweise anzubieten, als sittenwidrig. Im Klartext heißt das, dass ein Freier nach dem Sex die Prostituierte hätte nicht einmal zwingend zahlen müssen, weil sie rein rechtlich gesehen eine unwirksame Absprache mit ihm eingegangen war. Aus diesem Grund fordern die meisten Huren ja auch noch heute Vorkasse. Andersrum hatte der Freier aber auch kein Recht, bei Nichtgefallen des Geschlechtsverkehrs das bereits gezahlte Geld zurückzufordern. Den Hobbyjuristen unter uns sei zur weiteren Studie das Bürgerliche Gesetzbuch (BGB) mit den Paragraphen 138 Absatz 1 und 817 Absatz 2 empfohlen. Anfang 2002 trat dann das Prostitutionsgesetz (ProstG) in Kraft, mit dem die rechtliche und soziale Situation der Prostituierten verbessert wurde. So stellt das Gesetz zum Beispiel die Rechtswirksamkeit der Entgeltforderung für sexuelle Leistungen fest. Seitdem müssen die Freier also zahlen, sofern sich Frauen offensichtlich als Prostituierte zu erkennen geben. Das hat natürlich auch vermehrt zu Verwirrungen geführt und viele Frauen waren nach einem One-Night-Stand erschrocken, als sie bündelweise die Scheine auf ihrem Nachttisch fanden, aber sogleich dann auch freudig erregt und kauften von der Kohle Dinge, die ihre nuttige Erscheinung noch verstärken sollten.

Interessanterweise ist die im oben genannten Gesetz geregelte Vereinbarung zwischen Prostituierter und Freier ein einseitig verpflichtendes Vertragsverhältnis. Heißt im Klartext: Der Freier MUSS zahlen, auch wenn der Sex schlecht war. Reklamation ausgeschlossen.

Da sagen natürlich viele Männer zu Recht: »Dann kann ich auch gleich zu Hause bleiben!«

(Kurzes Nachbluten)

Besser ist die Möglichkeit zur Sozialversicherungspflicht im neuen Gesetz geregelt. Denn seit Auferlegung ist es auch leichten Mädchen möglich, sich schwer in die Rente zu riestern. Das sind doch mal Aussichten, Frau Decker: saufen für die Truppe, tanken für die Umwelt und vögeln für die Rente!

Es reicht, Herr Westerbeck!

Jetzt warten Sie doch mal, Frau Decker. Wie schon eingangs beschrieben, brauchen Sie keinen stinkenden Zuhälter. Als Escortlady werden Sie über eine seriöse Begleitagentur an die gut zahlende Kundschaft vermittelt. Unsere Freunde von »Wikipedia.de« haben das sehr schön zusammengefasst:

»Begleitagentur
Eine Begleitagentur oder Escortagentur vermittelt Frauen oder Männer, sogenannte Escorts oder Callgirls/Callboys, die gegen Bezahlung für eine vereinbarte Zeit ihre Gesellschaft bieten. Angeblich werden die Dienste für die Begleitung zu einem gesellschaftlichen Anlass geboten: Begleitung ins Theater, Restaurant, Reisebegleitung oder Ähnliches. In der Praxis werden die Dienste von Escorts zum allergrößten Teil mit dem Ziel eines erotischen oder sexuellen Kontakts in Anspruch genommen. In Ländern, in denen Prostitution verboten ist, oder auch in Ländern, in denen die Prostitution zwar erlaubt ist, aber die Vermittlung von sexuellen Kontakten als Zuhälterei unter

Strafe steht, sichern sich Escort-Agenturen, aber auch einzelne
Escorts, mit dem Hinweis ab, dass die Bezahlung ausschließlich
für die Begleitung erfolge, dass man aber schließlich Menschen, die aneinander Gefallen finden, nicht daran hindern
könne, miteinander Sex zu haben. [...]
Die Existenz von Escort-Agenturen ermöglicht vielen Frauen
jedoch, der Prostitution in einem gewaltfreien Milieu nachzu-
gehen.
In vielen Ländern hat sich die Prostitution von der klassischen
Straßenprostitution weg und hin zu den Escort-Agenturen,
Bordellen, Klubs und Laufhäusern verlagert. Die Kunden der
Escort-Agenturen kommen heute aus allen Gesellschafts-
schichten, die Preise sind in den letzten Jahrzehnten eher ge-
fallen.«
(Quelle: www.wikipedia.de, 25. 05. 2013)

Das Beste, liebe Frau Decker, ist, dass Sie diesen beruflichen
Hintergrund jederzeit bei Google wieder löschen lassen können, falls Sie zum Beispiel mal einen Bundespräsidenten ken-
nenlernen sollten.

*Verstehe, Herr Westerbeck. Sie meinen es ja nur gut mit mir. In
meinem langen Leben hatte ich meine Knie genug an den Ohren.
Das mache ich jetzt nur noch, wenn ich will, und dann wie immer ohne Geld. Sex im Alter ist fantastisch! Ja, ich weiß, ein großes Tabuthema. Lassen Sie uns offen drüber reden, Herr Westerbeck, schließlich betrifft es auch viele unserer Leserinnen und
Leser. Seien wir ehrlich, ein Zungenkuss nach 25 Jahren Ehe hat
so viel Glut wie die Mund-zu-Mund-Beatmung bei einem toten
Papagei. Früher musste ich 'ne Ohnmacht vortäuschen, um im
Bett meine Ruhe zu haben. Ich lag in mehr Hotelzimmern rum*

als die Bibel. Man nannte mich die Schwingtür. Ich hab' es der-
artig getrieben, ich hätte 'nen Schutzhelm tragen sollen. Heute
freue ich mich nur noch über den Sex, den ich nicht mehr haben
muss. Und wenn, mache ich es nur noch zu dritt … Einer muss
ja schließlich Blutdruck messen. Zugegeben, ich mache es nicht
mehr so oft wie früher und ich freue mich, dass ich beim Sex nicht
mehr wach bleiben muss. Er weiß doch, wo der Truthahn wohnt.
Für einen Orgasmus setze ich einfach meine Tabletten ab … oder
guck mir meine Kontoauszüge an.

In Berlin gab's mal 'ne alte Hure an der Potsdamer Straße.
Die stand unter einer Laterne und hat mit ihrem Gebiss jongliert
und dabei gerufen: »Kleener, komm her, ick blas uff Felge!« Die
war immer ausgebucht. Ich kann dann also später, je nach Zahn-
stand, immer noch Karriere machen.

Ich möchte eine richtige Ausbildung machen. Viele in meinem
Alter beginnen noch ein Studium und hängen dann mit einem
22-Jährigen im Hörsaal herum. Das finde ich peinlich. Sie sprachen doch bereits von diesen Fernuniversitäten, Herr Westerbeck.
Ein Fernstudium, bei dem ich am Computer die Antworten finde
und derweil im Schlafanzug zu Hause bleiben kann. Nach sechs
Wochen oder drei Monaten habe ich Prüfung. In irgendwas. Und
bin dann wer. Wie sieht so etwas in der Realität aus, Herr Westerbeck?

Fern|uni|ver|si|tät; die

Genau, Frau Decker, warum in die Ferne schweifen, wenn das
Gute liegt so nah? Mit diesem Sprichwort haben nicht nur
unzählige Männer mit Flugangst ihren Frauen den Ostsee-
Urlaub verkauft, sondern auch schon ganze Generationen von
Einzelhändlern ihrer Kundschaft ein schlechtes Gewissen ein-
geredet. Jetzt ist das vermeintlich Gute aber nicht immer gut
und bekanntlich hat sich der Einzelhandel nicht unbedingt
erfolgreich gegen die Shoppingmalls auf der grünen Wiese
durchgesetzt. Vom unbeständigen Wetter an der Ostsee einmal ganz zu schweigen.
Wenn Sie auf der Suche nach einem sinnlosen Beruf sind,
Frau Decker, mit dem Sie Ihr Umfeld beeindrucken, sich
selbst etwas beweisen und den Ostsee urlaubenden Mann in
die Pleite treiben können, bietet die Ferne ein ganz besonderes
Schmankerl: die Fernuni!

Unter echten Akademikern als »Diplom-Drive-in« verschrien,
bietet sie Hausfrauen, Vollzeitarbeitslosen und von Doku-
Soaps gelangweilten Stubenhockern die Möglichkeit, innerhalb kürzester Zeit einen bildungstechnischen Höhenflug anzutreten, vor dem selbst der griechische Gott Ikarus größten
Respekt gehabt hätte. Eine gewisse Unerschrockenheit braucht
frau dann auch, wenn sie – getrieben von unzähligen Werbe-
spots im Nachmittagsprogramm der üblich verdächtigen Sender oder den ganzseitigen Anzeigen in Yellow-Magazinen erle-

gen – zum Hörer greift und den aktuellsten Katalog mit den »Fernlehrgängen des Jahres« bestellt. Gleiches gilt auch für den Postboten, denn wie im Selbstversuch erfahren, wiegen die Studienhandbücher der Küchentisch-BAföG-Mafia mehr, als Großonkel Neckermann sich jemals für einen seiner Kataloge hätte vorstellen können.

»Farb- und Stilberatung«, »Feng-Shui-Beratung«, »Geprüfte PR-Referentin«, »Raumgestaltung«, »Existenzgründung Kompaktkurs«, »Geprüfte Immobilienmaklerin«, »Social Management«, »Train the Trainer«, »Astrologische Psychologie«, »Heilpraktikerin«, »Phytotherapie – Heilpflanzen kompetent anwenden«, »Wellnessberatung mit IHK Zertifikat«, »Geprüfte PC Betreuerin« und der Klassiker, die viel gefragte »Heizungstechnik«, um nur einen äußerst kleinen Auszug aus den zahlreichen Programmen aufzuführen. Da ist nun wirklich für jeden was dabei.

Wie muss man sich das jetzt aber konkret vorstellen, wenn zwischen Suppe und Kartoffeln, mit oder ohne Kind auf dem Arm, offensichtlich gelangweilte Frauen anfangen, neben »Verbotene Liebe« nicht mehr das Kreuzworträtsel in der »Neuen Post« zu lösen, sondern zum Beispiel »Heizungstechnik« zu studieren?

Diese Frage ist schon deswegen berechtigt, da für die meisten Studiengänge bereits ein erfolgreicher Grundschulabschluss als Eingangsqualifikation voll und ganz ausreicht. Sollte sich doch mal jemand in den Briefkasten einer Fernuni verlaufen, der im dritten Anlauf die Realschule geschafft hat, wird er gleich als Lehrer verpflichtet. Dessen aber nicht weiter Rechnung tragend, geben wir uns der Illusion »Doktortitel für alle« weiter hin und beginnen wie immer mit dem »Warum?«.

Warum studieren mehr oder wenig hoffnungsvoll verheiratete Frauen überhaupt an Fernuniversitäten?

Warum suchen sich Singles nicht lieber einen reichen Mann, als »Geprüfte PC Betreuerin« zu werden?

Warum wird »Phytotherapie – Heilpflanzen kompetent anwenden« als Kurs angeboten, wenn die »Ratiopharm«-Zwillinge für alles eine Lösung haben?

Warum »Raumberatung«, wenn »IKEA«-Häuser auf ihren Rundgängen alles besser können?

Warum soll man zu Hause studieren, wenn Zweidrittel aller Zahnarztfrauen ihren Partner in echten Unis kennengelernt haben?

Warum kann keine normale Schule Lernerfolge garantieren, Fernuniversitäten mit »Geld-zurück-Garantie« aber schon?

Natürlich haben die Erfinder vom Abitur per Post in ihren mit glücklichen Menschen bebilderten Katalogen alle Antworten auf diese Fragen. Eine überzeugt aber ganz besonders: »Mit einem Fernstudium können Sie das Lerntempo selber bestimmen.«

Herrlich! Damit ist diese Form der Berufsbildung für Frauen, die sich zwischen »Wirtschaftsspanisch (Certificado de Español Comercial)« und »Praktische Homöopathie« nicht entscheiden können, genau richtig. Anders gesagt heißt das nämlich nichts anderes, als dass man zwischen Frühstücksfernsehen, Mittagsmagazin und »Gute Zeiten, schlechte Zeiten« die Vokabeln genau in der Geschwindigkeit lernen kann, die eine spontane Verabredung zum Kaffeeklatsch gerade noch zulässt. Optimale Bedingungen für Frauen, die weder arbeiten, noch lernen, aber in der Gesellschaft gerne Visitenkarten mit IHK-geprüften Berufsbezeichnungen verteilen möchten. Noch spannender als die Feststellung, dass man nur dann studieren muss, wenn man auch wirklich Zeit hat, ist natürlich die Versuchung, einfach andere Leute die Fragebögen ausfüllen zu lassen. Es sieht ja eh keine Sau, wer da wirklich am Küchen- oder Gartentisch sitzt. So muss das Paradies aussehen.

Stimmt, Herr Westerbeck, wenn sich da nicht weitere Fragen aufdrängen würden:
Kann frau beim Yoga-Lehrgang sitzenbleiben?
Ist es ab Mitte des Studiengangs »Astrologische Psychologie« möglich, sich die Endnote selbst vorherzusagen?
Werden Farbenblinde bei der »Stil- und Farbberatung« auch zugelassen?
Muss man zur »Tierheilpraktikerin« ein eigenes Tier zum Üben haben oder kommt ein neutrales per Post?
Wie hoch ist die Quote von Studienabbrechern bei »Geprüfte Industriemeisterin (IHK – Fachrichtung Luftfahrttechnik)« im Vergleich zu »Angst- und Stressbewältigung«?
Kann man »Haustechnik« studieren, wenn man in einer Mietwohnung lebt?
Wer haftet beim Kurs »Kindererziehung« eigentlich, wenn Lerninhalte an fremden Kindern falsch angewendet werden?

Auf Letzteres bezogen natürlich niemand, Frau Decker. Und hier liegt ein weiterer Vorteil. Genauso unverbindlich wie rückstandslos zu entfernender Tesafilm verhält es sich beim zu Hause Studieren. Es ist alles nur ein riesengroßer Spaß. Wie lustig es wirklich ist, zeigt folgende Beschreibung zum Studiengang »Tierheilpraktiker/in« aus dem ILS-Katalog 2013 (Quelle: ILS-Katalog, Stand März 2013):

»Staatliche Zulassungs-Nr. 723 16 11

Tierheilpraktiker/in

›Gesunde Tiere durch naturgemäße Tierheilkunde‹

… Dem ganzheitlichen Behandlungsansatz von Tierheilprakti-
kern schenken dabei immer mehr Menschen Vertrauen, denn
naturkonforme Behandlungsmethoden sind nebenwirkungs-
frei und haben das ganze Tier im Blick. Sie liegen mit der Ausbildung zum Tierheilpraktiker voll im Trend.«

So weit die Einleitung. Da muss frau einfach Lust auf mehr
bekommen. Wer wünscht sich denn bitte keinen Trendberuf
ohne Nebenwirkungen? »Naturkonform« ist ebenfalls ein tol-
les Schlagwort in Zeiten da, so wie in Russland passiert, Ko-
meten auf Rückstände von Pferdefleisch untersucht werden.
Weiter im Text:

»Wie arbeitet ein Tierheilpraktiker?«

Da verweist die Fernuniversität auf ähnliche oder gleiche
Behandlungsmethoden wie beim Menschen. Das klingt lo-
gisch. Denn Tiere sind nun mal des Menschen besten
Freunde, wenn sonst keiner Zeit hat, und sollen dann auch
gefälligst gleich gut beziehungsweise gleich schlecht behandelt werden.

»Für diesen ganzheitlichen Therapieansatz benötigen Sie ein
fundiertes artspezifisches Wissen über die organischen, phy-
siologischen und pathologischen Zusammenhänge.«

Das geht ja gut weiter. Es wird also fest mit Toten gerechnet!

»Natürliche Heilmethoden wie Homöopathie, Pflanzenheil-
kunde oder Bachblütentherapie schaffen es auf sanfte und un-
schädliche Weise, die Gesundheit wiederherzustellen.«

Vorausgesetzt, der Patient ist vorher nicht verstorben.

»Sie arbeiten als Tierheilpraktiker/in selbstständig in Ihrer eigenen Praxis, aber auch in anderen Berufsfeldern ist die Kenntnis
der Tierheilkunde gefragt, etwa wenn Sie Tierzüchter sind, in
einem Tierheim oder mit Pferden arbeiten, aber auch als Pro-
duzent von Tierfutter.«

Die eigene Praxis! (Vergleichen Sie auch »Der eigene Laden«.)
Diese Aussicht lässt vor allem das Herz von Immobilienmak-
lern höherschlagen. Und was den Job von Tierfutterproduzen-
ten betrifft, kann man geteilter Meinung sein. Ist es nicht
vollkommen egal, ob die Schäferhunde im Fischmehl vorher
eine Bachblütentherapie hatten?

»Anders als der Heilpraktiker in der Humanmedizin müssen Sie
sich als Tierheilpraktiker/in *keiner* amtsärztlichen Überprüfung
unterziehen.« (Hervorhebung durch die Autoren)

Hurra! Freie Fahrt für freie Bürger. Eventuell sollte man das
nur Inhabern von Tieren sagen, die ihnen ganz besonders ans
Herz gewachsen sind. Mit der Überschrift »Lernen in der Praxis« geht der fröhlich geschriebene Text für die angehenden
Quacksalber wie folgt weiter:

»Während Ihres Lehrgangs können Sie in zwei Orientierungs-
tests bereits selbst erkennen, wie stark Sie den Stoff verfestigt
haben und ob Sie fit in Ihrem neuen Wissensgebiet sind.«

*Moment, Herr Westerbeck. Wie muss ich mir solche Orientie-
rungstests bitte genau vorstellen? Reicht es da aus, einen Beutel
Grünen Tee im Aquarium aufzubrühen oder kann man auf dem
Weg zum Supermarkt einfach mal den altersschwachen Dackel
der Nachbarin gegens Licht halten?*

Ganz easy, Frau Decker, begleitend zum Lehrgangsmaterial
erhalten Sie zusätzlich das Standardwerk »Anatomie und Physiologie der Haustiere«, das Ihnen auch in der späteren Praxis
nützlich sein wird.

*Das klingt doch vernünftig. Jeder sollte berufsunabhängig ein
Buch haben, in dem man nachschlagen kann, wenn frau mal
nicht weiterweiß. Insbesondere in Atomkraftwerken, Flugzeug-
cockpits und Operationssälen hat sich das mehr als bewährt.*

»Grundsätzlich geeignet ist der Kurs für alle, die ein berufliches
Standbein als Tierheilpraktiker anstreben und sich das nötige
Wissen aneignen wollen, für im Bereich Tierhaltung oder Tier-
ernährung Tätige oder für Tierhalter, die sich Kenntnisse über
Tieranatomie, -physiologie, -pathologie und Naturheilverfah-
ren aneignen möchten.«

*Aha. Verstehe, Herr Westerbeck. Frau muss es schon wollen. Da-
mit fällt so ein Kurs als Geschenk für die beste Freundin flach.*

»Außerdem sollten Sie über Erfahrung im Umgang mit Tieren
verfügen und Einfühlungsvermögen besitzen sowie die Bereit-
schaft, sich regelmäßig fortzubilden.«

Das ist großartig und heißt auch, dass begriffsstutzige Anwär-
ter mit Tierhaarallergie wohl doch lieber eine Seite im Bil-
dungskatalog weiterblättern sollten, der dort passenderweise
den Lehrgang »Erfolgreich im Beruf – mit den richtigen Stra-
tegien zum Ziel« vorschlägt.

Wer immer noch Lust hat, sich per Post zur Tierheilpraktikerin ausbilden zu lassen, dem sei gesagt, dass die Lehrgangsdauer 20 Monate beträgt, wobei man wöchentlich nur etwa
neun Stunden Zeit benötigt. Wer diese neun Stunden jedoch
nicht findet, dem ist es kostenlos gestattet, die Regelstudien-
zeit um zehn Monate zu überschreiten. Das ist sehr praktisch,
wenn zum Beispiel eine Schwangerschaft dazwischenkommt.
Insgesamt müssen 18 Einsendeaufgaben bestanden werden
und der Kurs kostet 2980 Euro.

Das darin enthaltene Buch »Anatomie und Physiologie
der Haustiere« kostet im freien Handel im Übrigen 24,90
Euro. Und das kann man ebenfalls lesen, ohne sich amtsärzt-
lich überprüfen zu lassen.

*Die Lunte meiner Aufmerksamkeit ist auf jeden Fall entfacht,
Herr Westerbeck. In meinem bisherigen Beruf bin ich ja daran
gewöhnt, dass man mich nicht so ernst nimmt. Sollte ich aber in
meinem neuen Berufsfeld verlacht werden, finde ich das gar nicht
ulkig. Bitte schauen Sie doch noch mal nach etwas anderem, was
von der Gesellschaft mindestens zu 80 Prozent akzeptiert wird.
Astrologie. Fast jeder liest sein Horoskop. Auch wenn einem klar*

ist, der oder die, der das verfasst hat, hat danach das Kalenderre-
zept für Kohlrouladen geschrieben. Auf jeder Party wäre ich der
Hit. Sofort klebten alle an meinen Lippen, wenn ich passende
Charaktereigenschaften zu einem Sternzeichen preisgeben könnte.
Vielleicht noch gepaart mit Psychologie – und ich bin eine ge-
machte Frau, Herr Westerbeck. Vor meinem geistigen Auge sehe
ich Ihren verzogenen Mund, der mich an die Küstenlinie von Sylt
erinnert. Trotzdem. Bitte bringen Sie mir diesen Beruf näher an
mein großes Herz.

As|tro|lo|gi|sche Psy|cho|lo|gie; die

Das habe ich geahnt, Frau Decker, dass auch Sie nicht frei sind von Spökenkieker-Kram. Mit Sternen kennen sich die meisten Frauen seit ihrer Jugend aus. Entweder hingen sie immer zu hoch oder man konnte sie rücklings auf einer Decke liegend bei klarem Himmel beobachten. Dazwischen gibt es nicht viel. Hopp oder top. Frust oder Romanze. Liebesbriefe oder Kummerkasten. Was früher noch regelmäßig in einer gefühlsmäßigen Katastrophe endete, kann heute mittels eines Berufs aus der Kategorie »Sinnfrei für Fortgeschrittene« erklärt werden.

> »Jeder Mensch wird in ein bestimmtes Muster kosmischer Energie hineingeboren, das auf ihn einwirkt.«

So zumindest beschreibt unsere Fernuniversität des Vertrauens ihren Lehrgang mit der staatlichen Zulassungsnummer 717 01 06 zu »Astrologische Psychologie« (Quelle: ILS-Katalog).

Okay, das erklärt natürlich einiges. Dann waren gar nicht das hübschere Mädchen aus der Nachbarklasse, explosionsartige Akne oder der einfach nicht weggehen wollende Babyspeck schuld an dem Liebeskummer der Jugend vieler Frauen, sondern einfach nur die falsche kosmische Energie zu dem Zeitpunkt, als ihre Mutter sie durch den Geburtskanal presste.

Wer daran trotz der bisher gemachten Lebenserfahrung ganz fest glaubt, der ist wie gemacht für den Beruf, der »Persönlichkeitsentwicklung im kosmischen Umfeld« verspricht. Schauen wir uns einmal an, welche Grundlagen der Lehrgang weiter verspricht:

> »Die Astrologie berechnet und interpretiert diese kosmische Konstellation von Tag, Uhrzeit sowie Ort der Geburt und erstellt daraus, in grafischer Umsetzung ein Horoskop.«

Das hört sich natürlich gut an. Im Grunde genommen geben sich aber schon verdammt viele Zeitungen Mühe, uns täglich mit Horoskopen zu belästigen. Warum braucht es da noch weitere Astronauten, die anfangen, sich rund um die Erde zu drehen, die sie seit ihrer Kindheit nicht mehr verstehen? Insbesondere, wenn man die Inhaltsbeschreibung des Lehrgangs weiterliest, wird einem immer klarer, dass sich die Ausbildung ausschließlich an Menschen richtet, die selbst massive Probleme haben:

> »Kernstück des Lehrgangs ist die Auseinandersetzung mit dem eigenen Geburtshoroskop, um die uns meist verborgenen persönlichen Anlagen und Entwicklungschancen ins Bewusstsein zu heben.«

Aha, das ist ja ungefähr so, als würde man angehende KFZ-Mechaniker damit locken, dass sie in Zukunft ihr Auto selbst reparieren können. Interessant. Und was passiert, wenn der Kursteilnehmer – äh, Entschuldigung, natürlich die Kursteilnehmerin – feststellt, dass ihr die Sterne so ungünstig stehen, dass ein normales Leben gar nicht möglich ist? Bringt sie dann erst ihre Mutter um und sprengt danach alles in die Luft oder ruft sie bei den »Gelben Seiten« an, um ein Gewerbe als »Astrologische Beraterin« anzumelden? Im Zweifel wohl eher Letzteres. Anders ist es jedenfalls nicht zu erklären, dass immer mehr Frauen wie die Zigeuner umherziehen und ungefragt im Bekanntenkreis Ratschläge zu Sonne, Mars und Venus, in welcher Konstellation auch immer, erteilen.

Machen wir aber weiter beim Lehrgang. Jetzt kommt der interessante Teil:

> »Sie benötigen keine besonderen Vorkenntnisse oder hohen Zeitaufwand für diesen Lehrgang.«

Bingo, Herr Westerbeck! Keine Vorkenntnisse, kein Aufwand beim Lernen und das Wort »Psychologie« steht später auf meinem Abschlusszeugnis der Fernuni – was will ich als Frau bitte mehr? Mit diesen Aussichten sollte mir eine goldene Zukunft bevorstehen, die ich mir im Zweifel ja auch mal selbst vorhersagen kann. Und sollte es einmal mit der Analyse von irgendwelcher kosmischen Energie beim Kunden nicht klappen, dann kann ich immer noch getrost Richtung Himmel zeigen und behaupten, dass da gerade eine Sternschnuppe langgeflogen sei und der Kunde sich was wünschen könne. Aber was kostet es denn nun, um sich zukünftig in der Welt von Tierkreiszeichen, Partnerschaftshoroskopen und Mondknoten bewegen zu können?

1770 Euro und 15 Monate geplante Lehrgangsdauer.

Das ist ehrlich gesagt nicht viel, Frau Decker, vor allem, wenn man bedenkt, dass man dann zukünftig im Voraus die Lottozahlen, den nächsten Sommerschlussverkauf und die fruchtbaren Tagen vorsehen kann.

Gut, Herr Westerbeck. Ich ahnte ja schon bei Ihren einführenden Worten, dass Sie für Astrologie nicht die nötige Hingabe und Ernsthaftigkeit aufbringen. Dabei kann man damit herrlich viel Geld verdienen, vorausgesetzt man hat einen riesengroßen Bekanntenkreis. Es gibt ja sogar schon den Sender »Astro TV«. Dort tummeln sich Frauen und Männer, die meist in den Farben eines Lungentumors bekleidet sind und aktuelle Fragen beantworten. Zum Beispiel: »Ich bekomme in einem Monat das dritte Kind von ihm, meinen Sie, ich sollte ihn heiraten?« Dann wird gemischt, so schnell, dass jedes Pokerface blass wird, und aufgedeckt, was das Zeug hält. Intuition ist in dem Moment das A und O. Der Dame am Telefon wird gesagt, dass ihr »Freund« und Kindermacher sich nicht so gerne binden will und sie mit der Hochzeit noch warten solle. Zerknittert wird »Danke« und »Tschüss« gesagt.

Nun gut, ich strebe keine zweite Fernsehkarriere an. Obwohl ich es immer beruhigend fand, wenn etwas Schönes über mich in der Zeitung stand. Wer schafft es heutzutage, in die Zeitung zu kommen? Kriminelle, Erfinder, Unfälle, Prominente, Sportler, Models und Spielerfrauen.

Bei Spielerfrauen, Herr Westerbeck, frage ich mich immer, welches miese Karma die sich aufgeladen haben, um mit einem Fußballer zusammen sein zu müssen. Warum tun die das? Abgesehen von der Kohle, die die Jungs durch das Ballspielen mit nach Hause bringen – die verfügen doch weder über eine gute Schulausbildung noch über gutes Benehmen. Rotzen auf den Rasen, treten nach Herzenslust in die Hachsen des Bösen und fassen sich ungeniert an den Sack. So einen hätte ich mal mit nach Hause bringen sollen, dann hätte es – O-Ton mein Vater – »Fratzengeballer, bis der Helm brennt« gegeben. Gut, Spielerfrauen sichern ihre Position durch ein bis eineinhalb Kinder, danach hungern sie sich auf 35 Kilo runter und lassen die Kreditkarte qualmen. Ebenso wie die, die ihre Mode kaufen, sofern sie als Modeikone und Designerinnen in die Annalen eingehen.

Ist das sinnvoll, Herr Westerbeck? Ich verstehe das nicht, bin dennoch interessiert. Für mich käme ja nur noch ein Trainer oder halbkrimineller Aufsichtsratsvorsitzender infrage. Wäre das noch was für mich?

Spie|ler|frau; die

Liebe Frau Decker, es gibt Dinge zwischen Himmel und Erde, die versteht selbst der liebe Gott nicht. Dabei sollte er eigentlich alles verstehen. Immerhin lebt er im Himmel und hat die Erde erschaffen. Da schickt es sich schon an, dass man die Dinge dazwischen versteht. Sei es drum, böse kann man ihm in diesem speziellen Fall eh nicht sein. In den nächsten Minuten wollen wir uns mit einer Gattung Frau beschäftigen, die Gott sicherlich so nicht mit eingeplant hat: der Spielerfrau.

Und wenn wir schon einmal bis an die Schaffung unserer Erde zurückgehen, dann sei an dieser Stelle vorab etwas Grundlegendes erwähnt: nicht Gott hat den Fehler gemacht, sondern die Spielerfrau hat die Evolution ausgetrickst. Statt erst einmal irgendwo in Ruhe ein Kind zu gebären und auf eine Handvoll Idioten zu warten, die Myrrhe, Weihrauch und Gold bringen, heiratet sie einfach den Mittelfeld-Messias vom örtlichen Fußball-Bundesligisten und nimmt in Kauf, dass ihr Hosenscheißer zwar ordentlich Gold, aber wenig Gehirn im Gepäck hat. Um die geistige Konstitution von Fußballern zu verstehen, muss man einmal selbst im Stadion gewesen sein. Um vor 60 000 grölenden Fans einen Elfmeter, den entscheidenden Pass oder das Tor des Jahres zu schießen, bedarf es weniger intellektueller Fähigkeiten als vielmehr möglichst dünner Luft zwischen den Trommelfellen. Heißt also, dass die Superstars auf dem Platz ihr Gehirn genauso trainieren müssen wie ihre Beine. Nur, dass hier Ziel der Übung ist, möglichst nicht nachzudenken!

Wie kommt der Fußballer aber jetzt zu seiner Spielerfrau? Oder: Was ist die Ursache und was die Wirkung?

Das frage ich mich auch, Herr Westerbeck. Die trainieren doch von Kindesbeinchen an und haben gar keine Zeit für Mädchen.

Ursächlicher als der Wunsch nach einer Partnerschaft ist bei jungen Fußballern der Wunsch nach Sex. Das hat damit zu tun, dass sie, kurz nachdem sie geboren wurden, wie Sie richtig anmerkten, Frau Decker, von einem Trainingslager ins nächste wandern und ab einer gewissen Leistungsfähigkeit in ihrem Sport in einem Internat landen. Doch irgendwann wird die Beule in der Hose immer größer und nicht jeder Testosteronschub lässt sich mehr in Papiertaschentücher entladen. Hier kommt die Diskothek ins Spiel. Trotz aller Ausgehverbote vom Verein landet jeder Fußballer zwangsläufig dort, und da ihm jegliche Erfahrung aus den Raucherecken von Schulhöfen fehlt, sind es dann Frauen wie Sylvie van der Vaart, die sich beim ersten Kuss auch gleich um die Beule in der Hose kümmern. Was junge Akademiker in Chatrooms von dubiosen Internetseiten erledigen, findet bei Fußballern in den VIP-Logen der Großraumdiskotheken unter wummernden Bässen statt. Dass man sich da kaum unterhalten kann, ist in diesem Fall kein besonderer Nachteil. Damit wäre die Ausgangssituation beschrieben: Junge trifft Mädchen. Junge denkt nach Abschwellen seiner ersten Erektion, deren Ergebnis nicht in einem Taschentuch gelandet ist: »Tolle Frau. Die heirate ich!«

Das Mädchen denkt sich beim Blick auf den Profivertrag: »So blöd ist der gar nicht.«

Der Rest ist Geschichte und kann allsamstäglich auf den Tribünen der Fußballstadien bestaunt werden. Aber statt einmal die Woche irgendeine Plastiksitzschale mit ihrem Size-Zero-Luxus-Popo im »Stadion der Freundschaft« anzuwärmen und den Rest der Zeit die Beulen aus dem Trikot ihres Gatten zu kloppen, drängt die Spielerfrau auch in die Öffentlichkeit. Oder zumindest das, was sie dafür hält. Aller Anfang ist die Home-Story in einem klassischen Yellow-Magazin. Geschminkt wie ein Funkenmariechen, gepixeltes Kind links, hässliche Teppichratte rechts und mehrere Quadratmeter weißer Klinker später, ist die Geschichte aus dem Millionärsvorort inklusive Ausfahrt im »Porsche Cabrio« im Kasten. Inhaltlich ist das Ganze mindestens so dünn wie der Sprachschatz ihres Mannes, oder um es gastronomisch zu erklären: Wäre die Home-Story ein Kaffee, könnte man bis auf den Boden der Tasse schauen. Die wesentlichste Aussage ist, dass die Spielerfrau sich nach Jahren der Aufopferung im Hinblick auf die Karriere ihres Mannes, zum Wohle des Kindes und als gute Mutter des Hundes selbst verwirklichen möchte.

»Selbst verwirklichen« heißt immer, dass in spätesten zwei Jahren Schluss ist. Zuvor kommen jedoch in unserem speziellen Fall nervige Monate in der Öffentlichkeit als: Schmuckdesignerin, Model, Moderatorin, Charitylady, Umweltaktivistin oder Ernährungsberaterin. Und zwar genau in der Reihenfolge! Die so aktivierte Spielerfrau nutzt den roten Teppich als Büro, bespricht die »RTL«-Kameras wie andere Leute ihren Anrufbeantworter und beteuert natürlich bei jeder sich bietenden Gelegenheit, dass ihre Ehe ein einziger Traum sei. Zumindest so lange, bis sie eines Tages die Zahnzwischenräume poliert bekommt und sich ihre beste Freundin selbst einwechselt.

Zum Schluss dieses Kapitels bleibt festzuhalten, dass Lothar Matthäus dieses Spiel so oft betrieben hat, dass man meinen muss, Silberhochzeit bedeute für ihn, 25-mal verheiratet gewesen zu sein.

Hören Sie mir auf mit Lothar Matthäus, Herr Westerbeck. Ein Ausbund an Intelligenz. Und er rennt immer noch allen Bällen hinterher. Ich wundere mich, warum immer noch junge Dinger auf dieses linguistische Talent reinfallen. Der will doch immer nur das Eine. Zwischen den Pfosten liegt die Latte immer kerzengrade! Er hat Sprüche geprägt, die heute am Stammtisch noch für Erheiterung sorgen: »Ich habe gleich gemerkt, das ist ein Druckschmerz, wenn man draufdrückt.«

Nun gut, was will man auch zu einem Mann sagen, der mit über 30 noch in Kniestrümpfen rumläuft? Als Spielerfrau bin ich wohl doch ungeeignet. Und wenn ich es mir recht überlege, auch die älteren Fußballer sprechen mich nicht besonders an. Franz Beckenbauer, auch so ein Abstellgreis in der Midlife-Crisis. Der am liebsten mit 'ner Blondine zwischen den Zähnen rumläuft, um zu zeigen, seht her, er steht mir noch. Das nennt man dann Greisverkehr. Wurde mit Mitte 60 noch mal Vater. Fritz Wepper mit 70! Haben diese Frauen denn gar keine Angst vor alten Eiern? Da besteht akute Salmonellengefahr. Da denkt man, die sind nicht mehr weit vom weißen Tunnel entfernt, und zack machen die noch ein Kind. Gibt es für Rollatoren eigentlich Kindersitze?

Was geht es mich an. Nein danke. Während ich hier so sitze und schreibe, merke ich, wie sehr ich es genieße, allein zu sein. Vielleicht sollte ich mal ein Buch schreiben, Herr Westerbeck.

Frau Decker, wir schreiben hier ein Buch!

Oder klein anfangen, mal ein Essay, schmackhafte kleine Bonbons
für die Sonntagszeitung. Immer wieder werde ich von meinen
Freunden angesprochen, ich könnte doch mal was bloggen? Ja,
was denn? Wie mein Tag war? Wenn meine Schlachtersfrau sich
wieder im Ton vergriffen hat? »Frau Decker, Sie sahen gestern
Abend im Fernsehen nicht gut aus.« Ach ja? Und Sie mit Ihrer
vollgebluteten Schürze, wie sehen Sie aus?

Oder neulich auf dem Flohmarkt. An einem Stand, an dem
eine verlebte, circa 70-jährige Blondine ihren Krempel verkaufte.
Ich schaute mir ein paar CDs an. Sie textete mich gleich zu: »Det
sind allet CDs aus meene Kneipe, die haben immer dolle Stim-
mung jemacht. ›Bei Moni‹ hieß mein Laden, kennen Sie dette?«
Nö. »Ick weeß jenau, wer Sie sind! Sie sind doch diese Gabi Kös-
ter?« Nö. Gaby Köster kommt aus Köln, ich aus Berlin. »Nee,
klaro. Jetze weeß ick aber, wer Sie sind, diese Locken, unvakenn-
bar. Sie ham doch dieset Buch jeschrieben: ›Moppel-Ich‹«. Nö.
Das war Susanne Fröhlich und nun verlasse ich Sie, damit Sie in
Ruhe darüber nachdenken können, wer ich bin. Ist das auch
Bloggen, wenn ich bei Facebook was poste? Also ist Posten = Blog-
gen? Bei Facebook habe ich mal gepostet. Wollte meinen Ärger
mal teilen.

»Durchsage! An alle Arschlöcher von ›O2‹, ›Versatel‹, ›Base‹,
›Telekom‹, ›Phonic‹ & Co.: Ich habe den Anbieter gewechselt,
welch ein Vergehen! Und ich möchte meine alte Rufnummer
mitnehmen. Was eine Dreistigkeit! Das nennt man dann Ruf-
nummernportierung. Der Gesetzgeber, wer immer das ist,
schreibt vor, das innerhalb von vier bis zehn Tagen zu erledigen. Es wäre ein Mausklick für die Wichser. So weit, so gut.

Nun ist mein alter Anbieter aber so beleidigt darüber, dass ich wechseln will, und nimmt sich vier Wochen Zeit für die Portierung. Solange bleibt mein Handy für niemanden erreichbar. Was glaubt Ihr Pissvögel eigentlich, wer Ihr seid? Ihr seid die ungekrönten Nichtsnutze in der Servicewüste Deutschland. Habe fertig!«

34 566 Menschen haben mir geantwortet. Positiv. Macht mich das zu einer waschechten Bloggerin, Herr Westerbeck?

Mo|de-Blog|ge|rin; die

Werte Frau Decker, so impulsiv kennt man Sie ja gar nicht. Und das in aller Öffentlichkeit. Bedenken Sie bitte, dass solche Einträge im Internet so gut wie nicht löschbar sind. Vereinfacht gesagt, ist das Internet nämlich ein Zusammenschluss mehrerer Computer, deren Informationen sich wechselseitig anzeigen beziehungsweise abrufen lassen. Die Wiener nennen das im realen Leben Kaffeehaus, die Kölner Pinte und in München findet so ein Informationsaustausch zwischen Menschen im Biergarten statt. Der Unterschied zum Internet ist, dass man dort im Nachhinein immer noch sagen kann »Die Decker hat einen über den Durst getrunken und meinte das gar nicht so« und drei Schluck später haben es die meisten so oder so vergessen. Nicht so im Internet. Da tummeln sich die Mitteilungswütigen in Chatrooms, auf Partnerbörsen oder betreiben einen Marktplatz der eigenen Meinung, einen sogenannten Blog. Der Betreiber, also in diesem Beispiel die Betreiberin, eines solchen Blogs heißt dann Blogger, ergo Bloggerin, ergo Bloggerin Gabi Decker.

»Bloggerin« ist im wirklichen Leben natürlich nur ein anderer Begriff für arbeitslos (vergleichen Sie auch »Schmuckdesignerin«). Die Bezeichnung »Bloggerin« läuft in der digitalen Welt wohl aber tatsächlich unter dem Status »Arbeit«. Anders kann man es sich jedenfalls nicht erklären, dass immer mehr Frauen

sich im »1&1«-Baukasten eine Internetseite basteln, um dann
dem Rest der Welt mitzuteilen, welches Heißwachs in der Bi-
kinizone die wenigsten Pickel hinterlässt. Bevor es aber noch
haariger wird, kurz noch einmal zur Definition von Arbeit:
»Am Fließband stehen ist Arbeit. Alles andere ist maximal
Freizeitgestaltung mit beruflichem Hintergrund.«

Gucken wir uns diese Freizeitgestaltung einmal genauer an.
Was benötigt frau eigentlich, um sich »Mode-Bloggerin« zu
schimpfen (oder schimpfen zu lassen)? Zunächst einmal natürlich einen Computer, der idealerweise mit dem Internet
verbunden ist. Danach bedarf es einer eigenen Adresse in diesem Internet, also bildlich gesprochen das Barbie-Haus, an
dem geklingelt werden kann. Je eindeutiger die Adresse ist,
desto größer sollte die Aufmerksamkeit sein, die frau damit
generiert. Hier meine streng wissenschaftlich recherchierten
und außerordentlich beliebten Top 5 der absurdesten Inter-
netdomänen:

1) www.jennys-jeans-trends.de
2) www.helgas-heiswachs-welt.de
3) www.silkes-strick-tricks.de
4) www.heikes-häkel-tipps.de
5) www.connys-kurzhaarfrisuren.de

So weit zum Set-up. Wenn Sie sich einen Computer, Internet-
anschluss und -adresse eingerichtet haben, Frau Decker, brauchen Sie nur noch ein Design für die eigene Seite – und schon
können Sie auf dem nächsten Kaffeekränzchen erzählen, dass
Sie kurz vor der Weltherrschaft über Modefragen im Internet
stehen. Hier stellen pfiffige Internetanbieter, wie zum Beispiel
die Freunde von »1&1«, mit ihrem lustigen »Leiter für Kun-

denzufriedenheit« Marcell D'Avis, den Baukasten des schlechten Geschmacks gleich passend vor den Router. So kommt dann eine Internetseite zwischen Architekten-, Zahnarzt- und Maurermeister-Fragmenten zusammen, die zwischen apfelgrün und dunkelviolett zusätzlich noch jede RAL-Farbe außerhalb des Regenbogens abdeckt.

Wem jetzt noch nicht schlecht genug ist, der fängt an, sich in die Gedankenwelt einer Mode-Bloggerin einzulesen. Und somit kommen wir zu den Inhalten. Über was schreiben diese Geschmacksterroristinnen neben den bereits erwähnten Tipps zur Enthaarung von Bikinizonen mittels pH-neutralem Heißwachs eigentlich noch sonst so?

Hier sind, wie leider so oft, der weiblichen Fantasie keinerlei Grenzen gesetzt. Erlaubt ist, was gefällt. Das macht die Blogs auch so unberechenbar. Zwischen Glätteisen, Röhrenjeans, Wickelrock, Nassrasierer, Push-up-BH, Hornhauthobel, kurzärmlige Bluse, langärmlige Winterjacke, Stringtanga, »Ugg Boots« und eine Slipeinlage passen jederzeit die Wimpernzange und operierte Brüste. Mode-Bloggerin zu sein bedeutet, sich aus einem Kaleidoskop der Möglichkeiten einen bunten Stein zu fischen und ihn irgendwie gegens Licht zu halten. Hauptsache öffentlich.

Frauen berichten also auf eigenen Internetseiten über ihre Erfahrungen mit Produkten, die weitestgehend der Mode zuzuordnen sind, oder über ihre Einschätzungen zur aktuellen Mode und geben ihren Lesern entsprechende Tipps.

Also im Grunde genommen wie die »Bild der Frau«. Nur in schlechter. Da möchte man doch beiden Seiten, den Verfasserinnen von Mode-Blogs und deren Leserinnen, laut zurufen: »Habt ihr keine beste Freundin, die ihr zumüllen könnt?«

Frau Decker, heute passiert einfach alles öffentlich. Unterhielten sich früher Frauen über die Saugkraft von Tampons an den starken Tagen hinter vorgehaltener Hand, finden diese Gespräche heute für jedermann sichtbar im Internet statt.

Ja, Herr Westerbeck, das finde ich auch grenzwertig. Ich möchte meine Tabus behalten. Nicht bloggen. Nur ganz altmodisch meiner besten Freundin mitteilen. Manchmal was auf Facebook. Und Mode? Es gibt keine Mode mehr, nur noch Trends.

Wissen Sie was, ich heirate ganz einfach. So'n Sadisten, so'n Zahnarzt. Übernehme die Hausarbeit, seine Kinder und achte darauf, dass er nicht mit der Zahnarzthelferin anbändelt, indem ich ihm in der Praxis zur Seite stehe. Sonntags stelle ich Schweinebraten auf den Tisch, Mittwochnachmittag nehme ich Tennisstunden bei einem Lehrer, der aussieht wie ein lebendes Gebirge, und donnerstags besuche ich seine Kinder in der Jugendstrafanstalt, wo sie wegen Drogenhandels einsitzen. Nebenbei engagiere ich mich für den Tierschutz. Das halte ich für sehr wichtig, weil schon drei Tierheimleiter in Folge das Konto geplündert haben und nach Brasilien ausgewandert sind. Deshalb gebe ich regelmäßig einmal im Monat einen Kaffeeklatsch mit selbst gemachten Kuchen, um Spenden zu sammeln. Dafür würde ich sogar nach München ziehen. Ich bin blond, ich bin üppig, ich bin bereit! Herr Westerbeck, nun sagen Sie was!

Zahn|arzt|gat|tin; die

Na, Frau Decker, dann packen Sie schon einmal Ihr »Louis Vuitton«-Täschchen«, kärchern Ihren Mundraum durch und legen sich eine Extraportion Haarspray auf. In München sind die Frauen immer ein wenig blonder als im Rest der Republik, fahren ausschließlich Cabrio und strahlen nicht nur dank extrem weißer Zähne aus, dass sie dafür nicht wirklich arbeiten müssen. Also arbeiten im klassischen Sinne. München ist der Geburtsort vieler Bezeichnungen, die später dann irrtümlicherweise als Beruf ausgelegt wurden und der Inhaberin den Status einer womöglich Berufstätigen einbrachten. In diesem Kapitel definieren wir die Pseudowerktätigen aus der bayrischen Metropole nicht nur, sondern lassen sie auch gnadenlos jedes mögliche Klischee bedienen.
Auf geht's Buam: Satteln wir die Reitpferde, starten wir das »Golf Cabrio« und schmieren uns Selbstbräuner ins Gesicht! Und wenn es gut läuft, erfinden wir sogar im Sinne der Unterhaltung einfach noch ein paar Klischees hinzu.

Die Mutter aller Berufe am Weißwurstäquator ist die Zahnarztfrau. Mit der Kraft von Haftgel für Zahnprothesen klebt sie in unseren Vorstellungen von Frauen, deren Arbeit daraus besteht, in grasgrüne Äpfel zu beißen, ohne das Gesicht zu verziehen. Noch weißer als ihre Zähne ist nur der frisch gestärkte Kittel, der direkt auf die Wespentaille genagelt wurde und dessen Kragen immer hochgestellt ist. Da fragt man sich erstens schon, wie lange das die Knöpfe aushalten, und vor allem: Tragen Zahnarztfrauen Unterwäsche unter ihren Kitteln?

Herr Westerbeck!

Jajaja, Frau Decker, und wenn ja, in welcher Farbe? Bei der Haarfarbe gibt es nämlich nur Dunkelbraun oder Ponyhofblond. Zum Pferdeschwanz gebunden glänzen die Haare jedenfalls mit den Apparaturen der Praxis um die Wette. Außerhalb ihres natürlichen Überlebensraums innerhalb der Zahnarztpraxis ihres Gatten treffen wir sie oft auf Tennisplätzen, Wochenmärkten und beim Frühschwimmen an. Die Zahnarztfrau verkörpert mit jeder Krone ihres gerichteten Gebisses die totale Gesundheit.

Kinder von Zahnarztfrauen gelten immer als wohlerzogen, gut in der Schule und vor allem als hübsch. Nicht so wie die verpickelte Brut einer Supermarktkassiererin, die öffentlich in der Nase bohrt, Nachhilfe braucht und nur einmal die Woche duschen geht. In Zahnarztfamilien ist alles perfekt.

Fast alles. Beim Blick hinter die Amalgamfassade bricht die heile Welt oft schneller zusammen als ein kariöser Backenzahn im Endstadium. Der Zahnarzt bohrt schon lange nicht mehr in seiner Frau, die dafür aber umso heftiger bei ihrem Tennislehrer um ein Date. Ihre Kinder sind immer drogenabhängig. Dafür aber privatversichert. Das aber nur am Rande. Kommen wir zurück zum Klischee.

Die Zahnarztfrau trägt ihre Lebenslast mit der Grandezza vollbetäubter Patienten. Niemals würde sie sich private Probleme anmerken lassen und schon gar nicht, wenn sie königlich aus ihrem Cabrio winkt. Wie der Windschott von selbigem, schützt sie ihre gesellschaftliche Stellung vor dem Sturm der Wahrheit. Es ist einfach unvorstellbar, dass es in ihrem Haushalt zwischen Biogemüse und dem Bikini-Notfallplan Probleme gibt. Und wenn doch, werden die wie von Mundduschenhand weggespült. Wahlweise mit Sekt, Weißwein oder Weinbrand. Je nach Uhrzeit. Das Beste an der Zahnarztgattin ist aber der Mittwochnachmittag. Auf den freuen sich die Boutiquen in bester Innenstadtlage wie Patienten auf das Ende einer Wurzelbehandlung. Dann stürmen diese Bohrtürme nämlich mit den goldenen Kreditkarten ihrer Ehemänner in die Geschäfte, um in wenigen Stunden mehr unnützes Geld in deren Kassen zu pumpen, als Syrien im ganzen Jahr für die Aufarbeitung von Trinkwasser ausgibt.

Um Ihnen einen ungefähren Überblick zu verschaffen, habe ich mir mal erlaubt, diese Ausgaben etwas genauer zu beziffern. Pro Quartal geben Zahnarztfrauen in der von mir erfundenen Formel

$$\text{Wohlstand} = \frac{\sqrt{(\text{Amalgam x Privatpatient})}}{(\text{Krankenkasse} + \text{Zahnersatz}) \text{ x Weißheitszahn} + (\text{Eckzahnkaries} - \text{Keramikinlay}) + \text{dritte Zähne}^2/\text{Röntgenbild}}$$

zum Beispiel 12 124 Euro für weiße Polohemden der Marke »Lacoste« aus.

Ich habe plötzlich und unerwartet Zweifel, Herr Westerbeck.

Das glaube ich, Frau Decker, und ehrlich gesagt, unter uns Klosterschwestern, so ein Mundschutz würde Ihnen gar nicht stehen. Und weiße Kittel machen Sie zu blass. Und einen Ehemann kann ich mir an Ihnen gar nicht vorstellen. Und angeheiratete Kinder schon gar nicht.

Der weiße Kittel trifft ins Schwarze. Nur nachts trage ich gerne weiße Schlafanzüge, aber das geht Sie nichts an, Herr Westerbeck. Und wenn ich nun doch wieder zum Fernsehen gehe? In einen neutralen Posten, in dem nur ein bisschen Kompetenz gefragt ist. Wo mein reifes Alter keine Rolle spielt.

Sie wollen in einem Archiv im Keller eines Fernsehsenders arbeiten?

Nein, man soll mich schon sehen. Ich möchte Feenstaub versprühen, unscheinbar farblos bis freundlich-nett sein. Wichtig erscheinen und dennoch niemandem auf den Geist gehen. Wie ein Strauß Blumen, der nach drei Tagen verwelkt. Wie die Nudelsuppe, die bei Gewitter umkippt. Nur eben in nett und wichtig. Verstehen Sie mich, Herr Westerbeck?

Wet|ter|fee; die

Oh ja, da gibt es nur eine Tätigkeit beim Fernsehen, die all Ihre Wünsche erfüllt, Frau Decker: die der Wetterfee. Denn wenn auf ein Tief ein Hoch folgt, hat frau entweder im Schlafzimmer alles richtig gemacht oder steht vor einer Wetterkarte. Letzteres gilt sogar als Beruf. Wobei Ersteres auch beruflich betrieben werden kann, jedoch vom Großteil der Bevölkerung als weniger feenhaft angesehen wird. (Vergleichen Sie auch »Escortlady«.) Damit zurück zu den Hochs, die bundesweit für Begeisterung sorgen.

Die Wetterfee ist der verlängerte Arm eines weniger gottgegebenen als vielmehr naturwissenschaftlich erklärbaren Phänomens, das tatsächlich dazu taugt, das Lieblingsthema der meisten Menschen zu sein: dem Wetter. Möglicherweise sollten die Kirchen versuchen, ihren Mitgliederschwund zu stoppen, indem sie Gläubigen besseres Wetter versprechen. Wobei jeder die Qualität des Wetters für sich selber ausmacht. Die Kräuterhexe braucht Regen, die Zahnarztfrau nicht und dem Model ist es egal, unter welchen Bedingungen es in die Schüssel göbelt.

Zwischen all diesen Wünschen ans Wetter steht alltäglich die Wetterfee vor einer verwirrenden Karte und moderiert neben der aktuellen Lage mit entweder hoffnungs-, verständnis- oder mitleidsvollem Blick die Aussichten für die nächsten Tage an.

So weit, so gut, Frau Decker. Was braucht frau aber neben einer Wespentaille noch, um als Wetterfee tätig zu sein? Zunächst einmal sollten Grundkenntnisse in Geografie vorhanden sein. Für wen es überraschend klingt, dass die Nordseeküste im Norden liegt und das Hoch aus Südeuropa von unten aus der Karte aufsteigt, sollte eventuell noch überlegen, die Zahlen von 1 bis 49 auswendig zu lernen, und sich als Lottofee bewerben. Für alle anderen gilt, dass man neben Grundkenntnissen bei den Himmelsrichtungen auch noch komplizierte Begriffe der Wetterkunde fehlerfrei aussprechen können sollte. Die Kumuluswolken, der Thermohygrograph und das Pyranometer gehören ebenso mit zum Handwerkszeug einer Wetterfee wie die Berechnung der Niederschlagsmenge außerhalb des Girokontos.

Man kann sich aber auch einfach hochschlafen.

Hochschlafen, Herr Westerbeck? Das habe ich anderen überlassen. Deshalb muss ich im hohen Alter ja dieses Buch schreiben, um an Kohle zu kommen. Sie sprachen von Lottofee. Kenne ich natürlich. Da muss ich nur Zahlen ansagen und flott aussehen. Übrigens, wenn meine Mutter zu mir sagte: »Du siehst heute flott aus«, dann wusste ich, ich sehe bescheuert aus und bin gleich wieder zurück in mein Zimmer und habe mich umgezogen. Die Outfits der Damen vom Zahlendienst sehen immer flott aus. Ich kann mich während der Ziehung ja darin wohlfühlen und danach umziehen. Schließlich arbeite ich in einer Scheinwelt. Hoch konzentriert und mit dem Lächeln einer Käsemilbe würde ich majestätisch die gefallenen Zahlen vortragen.

Und das Beste: Ich hätte nur mittwochs und samstags zu tun. Oder warten auch dort brutale Machenschaften auf mich, von denen ich jetzt noch nichts ahne?

Lot|to|fee; die

Auf keinen Fall, Frau Decker. Es ist einer der saubersten Jobs, die man beim Fernsehen besetzen kann. Gerade für Frauen, die relativ unfallfrei von 1 bis 49 zählen und sich dabei noch eine Zusatzzahl merken können, wurde dieser märchenhafte Teilzeitjob erschaffen.

Die Lottofee ist die letzte Bastion bedingungslos guter Laune bei ernstmöglichstem Gesichtsausdruck und Betonfrisur. Neben dieser muss man als Lottofee natürlich charakterlich sauber gönnen können. Regelmäßig macht man Menschen zu Millionären, ohne selbst mitspielen zu dürfen. Dafür dürfte man privat allerdings relativ gefragt sein, da neun von zehn Lottospielern und Nazan Eckes laut einer Umfrage glauben, dass die Lottofee die Gewinnzahlen bereits vor der Ziehung kennt.

Dass dem nicht so ist, bewies im Frühjahr des Jahres 2013 die Skandalziehung des Mittwochslottos im »Zweiten Deutschen Fernsehen«. Den Jüngeren auch unter »ZDF« bekannt. Bei dieser Ziehung blieben nämlich einfach zwei Kugeln in der Maschine stecken, obwohl der wohl berühmteste Satz des Glücksspiels vorher gefallen ist:

»Der Aufsichtsbeamte hat sich vor dieser Sendung von dem ordnungsgemäßen Zustand des Ziehungsgerätes und der 49 Kugeln überzeugt.«

Oder ist er nicht gefallen? Egal. Die Panne wurde erst mehrere Stunden später bemerkt und so orderten sich schon Inhaber der »richtigen« Zahlen zwischen vier und sechs Richtigen schneeweiße »Lamborghinis« und schmissen bereitwillig Lokalrunden in ihren Stammkneipen.

Seitdem hat die Lottofee ihre Unschuld verloren. Aber nicht nur die. Kurze Zeit später hatte sie auch ihren Job verloren. Gut einen Monat nach der Skandalziehung gaben sowohl das »ZDF« als auch die »ARD« bekannt, dass die klassische Live-Ziehung der Lottozahlen der Vergangenheit angehört. Bye-bye, deutsche Fernsehgeschichte! Als Zuschauer fragt man sich natürlich, was aus der Lottofee geworden ist? Wurde sie in irgendein geheimes Wunschland verbannt? Oder wurde sie gar einem Exorzismus ausgesetzt, um ihr den Feen-Status auszutreiben. Kann sie als Fee im Ruhestand überhaupt ein normales Leben führen – oder wird ihr einfach die alte Lottomaschine als Abschiedsgeschenk übergeben, mit der sie dann zu Hause weitermachen kann? Für ihre Familie zum Beispiel. Haben diese Ziehungen dann auch Gültigkeit? Erträgt sie die gelangweilten Gesichter ihrer Brut?

Wie Sie sehen, liebe Frau Decker, hat sich das mit der Lottofee erledigt. Es tut mir ausgesprochen leid.

Schade, das habe ich gar nicht mitbekommen, Herr Westerbeck. Diese missglückte Ziehung schon, nicht aber, dass die Dame dann aussortiert wurde. Ich spiele nicht Lotto. Da kann ich mein Geld gleich in den Gulli werfen.

Ich könnte doch Moderatorin werden. Bringe ein Höchstmaß an Interesse für Menschen auf, was sie machen, welche Ziele und Visionen sie haben. Das habe ich schon mal gemacht. Im Radio.

Ich habe sieben Jahre den »ARD-Nachtexpress« vom »Sender Freies Berlin« moderiert, Herr Westerbeck. Deutschland, Österreich und die Schweiz, manchmal hat mir auch das verträumte Jugoslawien zugehört. Bei den Hörern war ich sehr beliebt. Bei meinem Chef nicht. Fast nach jeder Nachtsendung musste ich zu ihm, um mir anzuhören, dass ich zwar die Jüngste bin, aber es so nicht weitergeht.

Zusammennehmen, das war die Devise. Die geneigte Hörerschaft konnte im Sender anrufen, um ihre Meinung kundzutun. Es gab extra jemanden, der die Telefonate, die während der Sendung eingingen, entgegennahm. Manchmal ein Student, der eine diebische Freude daran hatte, die Reaktionen der LKW-Fahrer aufzuschreiben und mir nach vier Stunden davon zu erzählen.

Manchmal war es auch ein Kai von Rautenberg, wahrscheinlich polnischer Hochadel, der mich einfach nur scheiße fand und widerwillig die Kommentare der Zuhörer aufschrieb, sie aber nicht an mich weiterleitete. Doch eines Tages konnte er wohl nicht anders. Ich erinnere mich an ein legendäres Ende einer Sendung kurz vor Weihnachten. Ich hatte schon abmoderiert, schönes Fest, viele Geschenke und Harmonie gewünscht, ziehe die Musik hoch und denke, och, sagste noch was, kleiner Gag kann nicht schaden, zieh die Musik wieder runter und sage: »Eine Frage habe ich noch an Sie vor Weihnachten: Haben Sie schon einen Ständer?«

Ziehe die Musik wieder hoch und packe meine Platten zusammen. Beim Rausgehen aus dem Sender komme ich am Zimmer des Chefs vorbei und sehe, wie ein völlig aufgelöster, unfreundlicher, hysterischer Kai von Rautenberg in den Hörer des Zuschauertelefons brüllt: »Es interessiert mich einen feuchten Dreck, ob Sie einen Ständer haben!!!«

Das war eine schöne Zeit, Herr Westerbeck. Ich wurde wenig später sofort als untragbar entlassen, als ich mein erstes Solo-Programm »Ich wär' so gerne Chauvinist« auf die Bühne brachte. Der Prophet im eigenen Haus ist beim »SFB«, heute »RBB«, einfach nicht erwünscht. Moderieren würde ich gerne wieder, heute gehen doch die Uhren ganz anders. Ausrutscher und Skandale sind erwünscht. Besonders in Talkshows. Ganz amüsant finde ich dieses rote Sofa – wie heißt denn die Sendung?

Ro|te NDR DAS! So|fa; das

Sie sind auf der richtigen Fährte, Frau Decker. Hoch im Norden steht ein glutroter Schleuderstuhl, der sich als Sofa getarnt hat. Innerhalb kürzester Zeit hat es drei Frauen erwischt, die ihre Umwelt in den Disziplinen Schauspiel, Musik und Schmuckdesign wohl ganz offensichtlich genervt haben.

Genau DAS meine ich, Herr Westerbeck!

Namentlich waren das Katja Riemann, Anna Loos und Jenny Elvers-Elbertzhagen. Wobei es bei Letzterer wohl eher ein Jägermeister zu viel war, der dazu beitrug, dass nach dem Auftritt nichts mehr so wie früher war. Aber der Reihe nach. Da in diesem Beispiel kein Alter, aber umso mehr Schönheit vorhanden ist, beginnen wir unseren Ausflug in zeitlicher Reihenfolge mit Jenny.

Jenny saß im Spätherbst auf dem Öffentlich Rechtlichen Skandalsofa, um neben einer Gastrolle in einer Fernsehserie auch ihr Können als Schmuckdesignerin (bitte vergleichen Sie auch »Schmuckdesignerin«) vorzustellen. Bereitwillig und breitbeinig erklärte sie Moderatorin Tietjen, wie ihr Schmuck zuerst vom Kopf aufs Blatt kommt. Dazu reichte ihr ein leeres Blatt Papier in Kombination mit einem schreibfähigen Stift und kurze Zeit später war die erste live im Fernsehen gezeichnete Mohammed-Karikatur fertig. Was dann folgte, ist allgemein bekannt und bedarf keiner weiteren Ausführung.

Anna Loos ist nicht nur die Frau von Deutschlands beliebtestem Gerichtsmediziner, sondern auch seit 2006 Frontfrau der Anfang der 1980er-Jahre in Ost-Berlin gegründeten Rockband »Silly«. Um ein neues Album zu promoten, setzte sie sich, aus heutiger Sicht ebenfalls todesmutig, auf das durchs Jennys Auftritt mittlerweile bis hin in den Ural bekannte »NDR Sofa« und erfuhr schon kurz danach, dass es auch nicht hilft, sich in Klopapier einzuwickeln, wenn ein Shitstorm im Internet losbricht. Keiner weiß, was genau passiert war, jedoch wurde sie seit dem Auftritt auf ihrer eigenen Facebook-Seite wüst beschimpft.

Um das Trio Infernal würdig zu komplementieren, stieg Katja Riemann dann gut 14 Tage nach Anna Loos auf den elektrischen Bullen des »NDR«-Vorabends, um dem Moderator klarzumachen, wer eindeutig länger im Sattel sitzen kann. Mit einem denkwürdigen »Ich habe keinen Bock«-Auftritt löste sie einen vermeintlichen Skandal aus, der eigentlich gar keiner ist. Genauso wie die beiden anderen Auftritte keine Skandale waren.

Es waren einfach nur drei Frauen, die sich entschieden haben, künstlerisch tätig zu sein und ihr Ding durchgezogen haben. Leider gibt es davon immer weniger.

Keine Ahnung, Herr Westerbeck, ob ich mich so einem, nennen wir es ruhig menschlichen Desaster in meinem Alter noch aussetzen möchte.

Da möchte ich noch einmal kurz eingreifen, Frau Decker. Eine andere Frau Ihres Alters hat sich ganz herrlich in einer anderen Talkshow echauffiert, in der von Markus Lanz. Die Charakterdarstellerin Katrin Sass, unter anderem »Good Bye, Lenin«, nahm sich stellvertretend und anlässlich der Tatsache, dass das »RTL Dschungelcamp« für den »Grimme-Preis« nominiert wurde, den ehemaligen König dieses Hartz-IV-Campus Peer Kusmagk vor.

Das war toll! Fast schon eruptiv nagelte sie diesen Berliner Taugenichts mit einem Einsatz an die Wand, dass der komplette Marketingvorstand von »Black & Decker« ernsthaft darüber nachdachte, diese Frau als neues Gesicht für eine deutschlandweite Schlagbohrmaschinen-Kampagne einzusetzen.

Was ich damit sagen will: Ist es nicht ganz wunderbar, dass es noch Frauen wie Katja Riemann gibt, die so einem softigen »NDR«-Moderator zeigen, was sie wirklich von ihm halten? Dass sich Anna Loos gegen einen unbegründeten Shitstorm zur Wehr setzt und Katrin Sass nicht einfach achselzuckend hinnimmt, dass der »RTL«-Dschungel mit Typen wie diesem Kusmargk im selben Atemzug genannt wird wie die bisher in aller Regel sehr verdienten Preisträger?

Ja, ist ja okay, Herr Westerbeck. Riemann, Loos und Sass sind in dem Fall dann doch gute Beispiele. Aber können wir uns darauf einigen, dass Jenny Elvers-Jägermeister im Rahmen dieser Aufzählung wieder zurück ins Schnapsregal geschoben wird?

In Ordnung, Frau Decker, ich möchte hier ja auch nichts verwässern.

Danke, Herr Westerbeck, denn ich strebe doch mehr und mehr nach Ruhe und Harmonie. Halte mich von neuen Freunden fern, lasse mich einmal in der Woche nach Shiatsu-Methode massieren, einmal im Monat gönne ich mir eine Fußreflexzonenmassage. Ausgeführt von einer älteren Thai-Dame, die, nachdem sie im früheren Leben viele Nüsse von der Palme geschüttelt hat, ihr umgeschultes Dasein in einer kleinen Massagebude fristet. Das tut Körper, Geist und Seele gut.

Wellness ist das neue Zauberwort für gestresste Burn-out-Kandidaten. Nur, was ist die richtige Behandlung für einen karrieregewohnten Schlipsträger außerhalb eines Domina-Studios? Da gibt es doch ganz klar Beratungsbedarf. Könnte ich in diesem Berufsfeld zum Angriff übergehen, Herr Westerbeck?

Well|ness|be|ra|te|rin; die

Der Begriff »Wellness« ist eigentlich durchgehend positiv besetzt. Eigentlich, Frau Decker! Hotels mit großen Wellnessbereichen werden gegenüber denen mit großer Hotelbar bevorzugt, selbst bei Ausflügen von Kegelklubs. Kein Schwimmbadmeister traut sich mehr, das Wasser ins Becken zu lassen, ohne zuvor die Massageliegen Richtung Sonnenaufgang ausgerichtet zu haben, und auch die guten, alten Fitnessstudios hat es erwischt. Die Hantelbänke fliegen allerorts raus und Einmannzelt große Dampfsaunen werden in jede sich anbietende Ecke genagelt. So weit, so gut. Bisher klingt das noch alles nach Entspannung. Körperliches und seelisches Wohlbefinden liegt neben der Eurokrise voll im Trend. Ein sogenannter Wachstumsmarkt. Und wo Wachstum ruft, hört frau gerne hin. Mit ihrer trüffelschweinartigen Berufs-DNA entdeckt sie jede sich bietende Gelegenheit, um ihrem Girokonto einen frischen Aufguss zu bereiten.

Wickeln Sie sich ein Handtuch um die Hüften, liebe Frau Decker, genießen Sie Ihre entschlackende Molke und schließen Sie Ihre Augen. Frisch wie die Treibhausgurke kommen wir zum nächsten Berufsbild für Frauen, die ihr Hobby gerne zum Beruf machen.

Es kann so einfach sein: Wer gerne in der Sauna sitzt, sich gerne massieren lässt oder den ganzen Tag auf einer Liege abhängen kann, ohne den Drang zu verspüren, etwas Sinnvolles tun zu müssen, hat entweder Urlaub oder ist in DER Boom-Branche seit der Erfindung von Backpulver tätig. Die Vermittlung von Lebensfreude, einer ausgeglichenen Work-Life-Balance und der entspannte Umgang mit zu viel Freizeit schreit regelrecht nach Frauen, die sich beratend niederlassen, um anderen zu erklären, wie man richtig entspannt.

Wie muss ich mir aber den Weg dahin vorstellen, Herr Westerbeck? Also die Frage danach, was passiert war, bevor ein Tintenstrahldrucker kurz oberhalb der Körpertemperatur Visitenkarten mit »Wellnessberaterin« im Betreff auf den Küchentisch spuckte. Haben Wellnessberaterinnen im Kindesalter aus Versehen Babyöl inhaliert oder ihre Barbies zum Schlafen in den Backofen gelegt? Möglicherweise liefen deren Mütter tagsüber auch ausschließlich im Bademantel rum oder Papa roch abends nach Chlor.

Aus irgendwelchen, wenn auch schwer erfindlichen Gründen müssen es Frauen doch toll finden, sich den ganzen Tag mit übertemperierten Räumen, duftgetränkten Ölen und permanent klammem Frottee zu beschäftigen. Vor allem, wenn man aus diesem Beschäftigungsdrang heraus anderen Tipps geben möchte, wie man trotz Fußpilz im türkischen Dampfbad ohne Fremdsprachenkenntnisse nachhaltig zur Ruhe kommt.

Da liegt vielleicht die Erklärung, Frau Decker. Wellness ist viel komplizierter, als man zunächst vermutet. Was wurden nicht schon zwischen Lichttherapie und Kosmetikstuhl für weitreichende Fehler gemacht. Selbst der Konflikt zwischen Nord- und Südkorea führt wohl auf die falsche Anwendung einer Gurkenmaske zurück. Oder die, ohne Frage, tragische Trennung der »Modern Talkings«. Hätten Dieter Bohlen und Thomas Anders sich kein Wettrennen um die maximale Belastung des Gesichtsbrenners unterm Solarium geliefert, könnte man wohl noch heute zur 16. Version von »Cherry Lady« im Kneippbecken treten. Denn die Grundidee des Wellness gibt es schon länger, als die meisten Beraterinnen dieses Feld für ihre Freizeitgestaltung mit beruflichem Hintergrund entdeckt haben.

Was bedeutet Wellness eigentlich, Herr Westerbeck?

Der Begriff »Wellness« basiert auf den Begriffen »well-being«, »fitness und »happiness«. Dieser Definition nach hat ein amerikanischer Arzt den Begriff 1959 neu aufgegriffen; er wurde später im Auftrag der US-Regierung benutzt, um ein ganzheitliches Gesundheitsprogramm zu entwickeln, welches in erster Linie auf die Eigenverantwortung abzielte und mittels Krankheitsprävention einen Zustand von Wohlbefinden und Zufriedenheit in der Bevölkerung herstellen sollte.

Was daraus geworden ist, Herr Westerbeck, kann man sich heutzutage hervorragend bei den Amerikanern anschauen. Das Wohlbefinden wird in drei Liter großen Cola-Bechern abgefüllt und wem das noch nicht genug Kalorien sind, der holt sich die Zufriedenheit burgerweise aus dem »McDrive« ab.

Richtig, Frau Decker, so weit zur Herkunft des Begriffs »Wellness«, der rechtlich nicht geschützt ist.

Wie, Herr Westerbeck, Wellness kann alles sein? Das Kupferband am Handgelenk, der Magnet hinterm Kleinhirn und Millionen Jahre alte Salze, die man sich in die Ohren streuen soll. Ein paar kleine Accessoires und schon ist man Wellnessberaterin? Können uns diese Feel-good-Engelchen erklären, was zu geistigem und körperlichem Wohlbefinden führt und was nicht?

Ehrlich gesagt wohl kaum, Frau Decker, denn so, wie sich jedes Sekret aus den Baumrinden tropischer Edelbäume dem Wellnessgedanken zuordnen lassen darf, ist es auch jeder Wellnessberaterin möglich, ihre gut gemeinten Ratschläge in den bolivianischen Kaffeesatz zu pressen. Festzuhalten bleibt natürlich, dass der Beruf tolle Möglichkeiten bietet. Als Wellnessberaterin wird man schon morgens unter einem Solarium wach, putzt sich die Zähne im Whirlpool und anstelle des Weckers klingeln balinesische Klangschalen. Die Cornflakes bekommt man von indischen Hindus direkt ins Zahnfleisch massiert, der Tee wird im Wachs von Lavendelkerzen aufgebrüht und anschließend knabbern eine halbe Tonne Blutegel einem die Schuppenflechte von den Schultern. Schließlich muss frau wissen, wovon sie später beratend spricht.

Jetzt aber noch keinen übermäßigen Enthusiasmus verspüren, Frau Decker. Es gibt auch Schattenseiten. Als Wellnessberaterin ist man in erster Linie dem Spott anderer Frauen ausgesetzt, die so etwas wie einen Beruf ausüben. Farb- und Stilberaterinnen zum Beispiel.

Hmm. Am meisten stört mich, dass ich zukünftig Spott ausgesetzt sein könnte. Farb- und Stilberatung. Sie füttern mich immer an und dann zeigen Sie mir ein Horrorszenario des jeweiligen Berufs auf, Herr Westerbeck. Ich habe auch Gefühle. Und noch große Hoffnungen. Nennen Sie mich naiv und altmodisch, dennoch glaube ich an das Gute in den Berufen. Farb- und Stilberatung stelle ich mir ganz pfiffig vor. Pfiffig ist für mich ein ähnlich be-

setztes Wort wie flott. Egal, es könnte mir durchaus Freude bereiten, durch die Stadt zu düsen, in den Kleiderschränken fremder
Frauen nach Gut und Böse zu sortieren, gegebenenfalls zum Kauf
einer Brille zu raten. Nachdem ich einer farb- und stillosen Phar-
mareferentin im Außendienst ganz ehrlich und unverblümt
meine Meinung gegeigt habe, etwa über ihre nuttige Schminke,
ihre unvorteilhaften Röcke und falsche Farbwahl des Innenraums
ihres PKWs, fahre ich mit ihr ins nächstbeste Kaufhaus und kleide
sie neu ein. Wie eine Mary Poppins der Mode hülle ich sie gekonnt in neues Tuch und Tand. Ich bin modisch auf dem neuesten
Stand und kann ihr so ein Kotelett ans Ohr labern. Gefällt mir,
Herr Westerbeck! Na los, zeigen Sie mir die Realität.

Farb- und Stil|be|ra|te|rin; die

Querstreifen machen dick, Hochwasser in Hosen unattraktiv und weiße Socken in Sandalen einsam. Viel mehr muss ein Mann im Grunde genommen gar nicht wissen, um auch außerhalb eines »Quelle«-Katalogs mehr oder weniger stilsicher Kleidung zu kaufen. Jetzt geht es hier aber nicht um das unfehlbare, männliche Geschlecht, sondern um die wahre Krönung der Schöpfung, den weiblichen Teil der Gesellschaft. Im Gegensatz zu der oben genannten Dosenbierromantik in Kleidungsfragen bei Männern scheint es bei Frauen hier einen größeren Bedarf zu geben, sich sehr ausführlich beraten zu lassen. Und wenn die beste Freundin mal keine Zeit hat oder einfach genervt ist, bieten sich freiberufliche Farb- und Stilberaterinnen als Instanz des guten Geschmacks an. Dabei muss es nicht nur ausschließlich um Kleidung gehen.

• »Welches Make-up macht mich attraktiver?«
• »Welche Haarfarbe passt wirklich zu mir?«
• »Welches Image hilft mir im Job?«

Um diese substanziellen Fragen des Lebens und noch viel mehr kümmern sich die Beraterinnen im Auftrag ihrer geschmacksirritierten und orientierungslosen Kundinnen. Interessanterweise sehen die Beraterinnen dabei eher unscheinbar aus, was sie damit erklären, dass ihre gesamte Kreativität ausschließlich ihrer Kundschaft zugutekommt. In Wahrheit ist es natürlich so, dass Beraterinnen, die selbst zu hübsch sind, keine Aufträge von anderen Frauen bekommen, da diese dann Minderwertigkeitskomplexe in deren Nähe erfahren. Das ist genau wie mit der besten Freundin, die immer hässlicher sein muss als die betreffende Frau selbst.

Das aber nur am Rande. Zurück zu den Farbprofis, die mit Tusche und Wickelrock aus jedem Schifferklavier einen Konzertflügel machen können. Woher haben die ihre Fähigkeiten? Hatten die einfach mehr Puppen als die anderen Kinder, die »InStyle« im Abo oder gibt es den einen, den todsicheren Geschmack, den nur wenige Menschen haben?

Letzteren gibt es. Wer den aber hat, wird entweder Jil Sander, Coco Chanel, Guido Maria Kretschmer oder mindestens Filialleiterin bei »Bijou Brigitte« – aber hängt keine quietschgelben Zettel ans Schwarze Brett vom Supermarkt, um ihre Dienste als Farb- und Stilberaterin anzubieten.

Also, Finger weg von Frauen, die anderen Frauen erzählen wollen, was sie anziehen sollen, damit noch ganz andere Frauen neidisch oder Männer brunftig werden. Und was die beste Freundin betrifft: Da kann man ja mal Sylvie van der Vaart fragen, ob sich die Tipps gelohnt haben. Wer keine Tomaten auf den Augen, einen Wirsing zwischen den Trommelfellen und Unkraut auf den Unterschenkeln hat, sollte eigentlich in der Lage sein, sich so anzuziehen, dass das nähere Umfeld nicht gleich nach Eimern sucht, wenn man den Raum betritt.

Außer im Urlaub – da ist alles erlaubt.

Wie wahr, Herr Westerbeck. Gerade im Urlaub lässt sich so manche Nation gerne gehen. Fremdschämen ist angesagt, wenn Paare im Partnerlook über den Campingplatz schlendern, Frauen in den besten Wechseljahren und mit griffigen Oberarmen nur noch ärmellos rumlaufen und Männer jenseits der 50 zu haarigen, verwahrlosten Monstern vom Scheitel bis zur Sohle mutieren. An dieser Stelle möchte ich einen kleinen Aufruf machen. Liebe Männer oder das, was nach drei Beziehungen und ein bis zwei fehlgeschlagenen Ehen von euch übrig geblieben ist: Duscht und rasiert euch, auch in den Ohren, in der Nase und im Schritt. Mehr verlangen wir gar nicht. Dann würden wir zur Belohnung auch ab und an mal im Schlafzimmer mit knappen Dessous unsere Aufwartung machen.

Höre ich ein Raunen um mich herum, Herr Westerbeck? Es gibt inzwischen Dessous für alle Größen. Früher stand oft Tamara, die tanzende Fleischwurst, im Hobbyraum und der verzweifelte Orgasmusanwärter musste unter der Decke nicht nur seine Erektion, sondern auch den mördermäßigen Lachanfall im Zaum halten. Wie Sie unschwer erkennen können, Herr Westerbeck, verfüge ich über anatomische Vorteile. Das ist aber nur manchmal von Vorteil, bringt mich in normalen Miederläden jedoch oft zur Verzweiflung. Dadurch habe ich in stiller Stunde mal darüber nachgedacht, so eine Dessous-Party zu besuchen. Natürlich nur unter intimen Freundinnen mit diversen Bauch-, Po- und Busenproblemen. Oder ich gebe selber bei mir zu Hause Dessous-Partys. Das ist doch Ihr Thema, Herr Westerbeck. Sicher haben Sie sich auch in diesem Umfeld umgesehen. Heimlich, versteht sich.

Des|sous-Par|tys; die

Multiple Orgasmen und richtige Arbeit sind neun von zehn Hausfrauen und Nazan Eckes völlig fremd. Wer an dieser Stelle erschrickt, dem sei gesagt, dass die sexuelle Situation spätestens dann besser wird, wenn die Kinder aus dem Haus sind. Und solange sich Nazan Eckes bei »RTL« die gefärbten Haare lockig moderieren darf, sollte man die Definition von Arbeit nicht allzu eng sehen. Trotzdem war es nur eine Frage der Zeit, bis die Evolution beides in den Einklang brachte, der allabendlich für lustvolle Aufschreie in Prosecco getränkten Reihenhaussiedlungen sorgt, ohne dass zuvor ein »Zalando«-Paket angeliefert wurde. Wo früher noch Hausfrauen bei »Tupper«-Partys im Kreis saßen und sich gegenseitig ihre Dosen zeigten, hat heute die sexuelle Revolution ihr Ausrufezeichen mit dem Abhalten von Dessous-Partys gesetzt.

Bevor man sich diesem Thema nähert, muss man aber feststellen, dass sich leider die wenigsten Teilnehmerinnen solcher Veranstaltungen eignen, in Dessous anderen Menschen gegenüberzutreten. Selbst wenn es die eigenen Ehemänner sind und die es nicht besser verdient haben. Aber um die soll es hier gar nicht gehen. Denn natürlich hat jeder Ackergaul das Recht, sich als Rennpferd zu verkleiden, und wenn es mittels Stringtanga durch den XXL-Hintern passiert, geht das nur den Reiter etwas an. Wirklich faszinierend sind die Organisatorinnen, also die Dealer der heißen, weißen Ware.

Ohne einen weiteren Plagiatskandal auslösen zu wollen, wird davon ausgegangen, dass man »Außer-Haus-Dessous-Beraterin« nicht studieren kann, kein Doktortitel vonnöten ist und wahrscheinlich selbst ein Anruf bei der Industrie- und Handelskammer für Verwirrung sorgen würde, weil die der weiblichen Fantasie, Berufe zu erfinden, gar nicht schnell genug nachkommen können. Also muss man sich doch erst einmal die Frage stellen, wie man als Frau darauf kommt, in fremden Wohnzimmern Unterwäsche zu verkaufen.

Denkt frau sich im »Tchibo-Shop«, dass die »TCM«-Schlüpfer den Bekannten ihrer Bekannten ebenfalls hervorragend stehen würden? Oder inspiriert Heidi Klum mit ihren Shows für »Victoria's Secret« nicht nur männliche Fantasien, sondern bringt auch Frauen dazu, ihre Hausflure mit Yucca-Palmen zu dekorieren und mit Engelsflügeln behangen der Nachbarschaft die in Spitze gepresste Cellulite zu zeigen? Sind es gar Bestseller wie »Shades of Grey«, die dafür sorgen, dass es chic ist, sich in Gruppen versammelt durch Kartons voller Latexhöschen zu wühlen, in der Hoffnung, den Arsch versohlt zu bekommen?

Fragen über Fragen, die auch ich nicht wirklich beantworten kann, Herr Westerbeck.

Ich möchte die aber beantworten, Frau Decker. Man muss in das Wertesystem ähnlich wie dem von Las Vegas eintauchen. Dort gilt: »Was in Vegas passiert, bleibt in Vegas«. Doch versprechen Sie sich jetzt nicht zu viel. Bezogen auf unser Beispiel gilt zwar derselbe Grundsatz, aber die Orte ändern sich gemäß der bundesdeutschen Wirklichkeit. Bottrop, Magdeburg oder um es auf den Punkt zu bringen: »Was in Wanne-Eickel passiert, bleibt in Wanne-Eickel«. Das macht die Sache einfacher. Wer Gummibären kauend vollmundig »S« als passende Größe für das Negligé angibt und sich dann unter Beobachtung der Plattenbausiedlung in ein »XXL« quetscht, fühlt sich immer noch besser, als wenn er in der Boutique vom örtlichen Einkaufscenter einer 16-Jährigen mit gemachten Hupen den Blähbauch erklärt. Es ist also der Zusammenhalt, die Situation unter Gleichen, welche neben Unmengen an »Rotkäppchen Sekt« Tür und Tor für windige Beraterinnen öffnet, ihre halbseidenen (Alb-)Träume aus indischer Produktion an die Frau zu bringen.

Damit ist die Legitimation geklärt. Was fehlt, ist die Antwort auf die Frage, wie man »Dessous-Beraterin« wird. Wie bei jedem anderen Berufswunsch muss es ja vorab eine Vorstellung geben, was man sich davon verspricht. Der Klassiker »Ich arbeite gerne mit Menschen zusammen« muss hier wohl noch durch »und am liebsten abends« sowie »gerne auch am Wochenende« ergänzt werden. Nun gut, da könnte man auch eine Diskothek aufmachen, was aber bedeuten würde, dass man neben einer Genehmigung noch ein bedenkenloses Gesundheitszeugnis und Geld für die Miete bräuchte. Das könnte der Zugang sein. Es ist also einfach, sich im Copyshop ein paar signalgelbe Zettel drucken zu lassen und die Pinnwand vom Supermarkt damit auf ein ganz neues Niveau zu heben: »Wanne-Eickels 1te Dessous-Party« – hört sich doch auch gleich viel besser an als die x-te Neueröffnung einer Dorfdiskothek. Jetzt ist es natürlich so, dass sich auf diesen Aushang in erster Linie Kerle melden, aber auch hier gilt: »Aller Anfang ist schwer.« Nach Klärung der Geschlechterfrage und 50 unappetitliche Nachrichten auf dem Anrufbeantworter später kann es dann endlich losgehen.

Kartoffelchips, Schokoriegel und meldepflichtige Mengen an Alkohol gehören an so einem Abend wie Marianne zu Michael. Und strategisch aufgestellte Duftkerzen verhindern nicht nur unangenehme Überraschungen, was die Körperpflege der Gäste betrifft, sondern erlauben es auch, den Deckenstrahler auf ein Minimum zu dimmen. Bleibt nur noch zu klären, wie frau an die doppelgewebten Geschmacklosigkeiten kommt, die sie ihrer Neukundschaft als Dessous verkaufen will.

Hier kommt das segensreiche Internet ins Spiel. Wo früher noch Staubsaugerfirmen, Plastikbuden und Kosmetikläden mit ihren faxgesteuerten Schneeballsystemen für die geordnete Insolvenz ihrer Vertriebspartner sorgten, reicht heute ein Smartphone mit Flatrate aus, um sich irgendwo in China bis an den Kaminsims zu verschulden. Drei Klicks und die Kreditkarte vom nichtsahnenden Ehemann später ist frau stolze Besitzerin von kleinteiligen Kleidungsstücken im Wert einer neuen »Mercedes S-Klasse«.

Ding Dong! Es geht los. Am ersten Abend der neuen Existenz müssen die Kinder pünktlich ins Bett, Vati darf nach der Sauna noch in die Kneipe und 20 über Maß parfümierte Neukundinnen betreten erwartungsvoll das 15 Quadratmeter große Wohnzimmer. Noch bevor sich aber Ernüchterung breitmachen kann, wird durch die gezielte Verabreichung von lauwarmem Sekt dafür gesorgt, dass die Rezeptoren der Glückseligkeit im Kleinhirn Amok laufen.

In der Regel ist es so, dass der erste Abend der erfolgreichste ist. Was in Zahlen heißt, dass Einnahmen in Höhe von 42,80 Euro den Ausgaben für Marketing, Verpflegung und Wareneinkauf von 78 234,60 Euro gegenüberstehen.

Da der wesentliche Teil aber über die Kreditkarte des saunierenden Ehemanns abgerechnet wurde, gibt es im Anschluss freudig erwartete Verabredungen zu der nächsten Dessous-Party. Dann aber bei einer Freundin zu Hause.

Herr Westerbeck, 20 quietschende Freundinnen und deren Freundinnen in meinem Wohnzimmer? Wenn ich recht darüber nachdenke, unvorstellbar! Sehe mich schon angetrunken mit Sonnenbrille in überdrehter Runde hocken. Fassungslosigkeit über das Vergnügen der anderen empfinden und mich wegwünschen an einen Ort voller Stille. Das kann es ja nun auch nicht sein, Herr Westerbeck. Denn, was man nicht mit Liebe ausführt, kann nichts werden. Oder »immer ist die wichtigste Tat die Liebe«, Zitat von Meister Eckhart. Stammt noch aus meiner esoterischen Zeit. Mit 18 bekam ich von meiner Mutter das Buch »Bericht vom Leben nach dem Tode« geschenkt. Ein Klassiker von Arthur Ford. Fortan fraß ich mich durch die ganze esoterische Bibliothek. Und da man ja alles anzieht, mit dem man sich mental beschäftigt, traf ich in jener Zeit jede Menge durchgeknallte, erleuchtete Lichtwesen.

Ich könnte Ihnen lange Vorträge über automatisches Schreiben, Ouija-Bretter und spiritistische Sitzungen bei Vollmond halten. Das wollen Sie aber nicht, ich weiß, Herr Westerbeck. Doch sollte ich beruflich in diese Richtung gehen, hätte ich schon immense Vorkenntnisse. Es gibt inzwischen viele Menschen, die aus einer schlimmen Krankheit einen Beruf gemacht haben, wie die Schlagersänger, und viele Alleswissende, die ihre Erleuchtung zum Beruf gemacht haben. Immer mehr tummeln sich in esoterischen Portalen, um labilen Menschenkindern das Geld aus der Tasche zu ziehen – Schamanen, Energieseherinnen, Aurafotografen. Haben Sie je etwas darüber gehört, Herr Westerbeck, oder waren diese Themen mit einem Augenrollen gleich vom Tisch?

En|er|gie|se|he|rin; die (Vesseling)

Liebe Frau Decker, Ihnen kann geholfen werden: Holen Sie die Trommeln raus und bauen sich ein Zelt im Vorgarten auf. Der Schamanismus kehrt in die deutschen Vorstädte zurück. Aber nicht irgendwie, sondern natürlich im bestmöglichen Anglizismus unserer verrückten Zeit.

»Vesseling« ist das Stichwort. Eine – Achtung Zitat – »nach alten schamanischen Heilmethoden« durchgeführte energetische Säuberung unseres Energiekörpers. Wer jetzt völlig zu Recht an den durchgeknallten »Duracell Hasen« denkt, dem sei gesagt, dass Vesseling nach Bekunden der Durchführenden »die Kunst ist, die Verbindung der ›Naturkräfte‹ wahrzunehmen, die Energie zu lenken, zu leiten und diese zum Wohl der Menschheit einzusetzen« (Quelle: www.energieseherin.info, 10. 06. 2013) – so nämlich!

Kleiner als »das Wohl der Menschheit« haben es diese Bewusstseinsklopfer natürlich nicht. Aber woher kommt der Begriff »Vesseling« eigentlich?

Ganz einfach. »Vessel« kommt aus dem Englischen und bedeutet Gefäß. Als »Vesseling« bezeichnet man die Entleerung dieses mit schwerer Energie beziehungsweise schweren Problemen beladenen Gefäßes. Weiter führt eine Energieseherin, die nach der »Vesseling Methode« arbeitet, auf ihrer Internetseite wie folgt aus:

»Sie [die Entleerung, das ›Vesseling‹] bewirkt das die Probleme
die uns stark belasten […] Schicht für Schicht energetisch ge-
löst werden, in Verbindung mit den NATURKRÄFTEN. Einge-
schlossene Energien werden aus dem Energiefeld freigesetzt
und verborgene Talente und Visionen wieder ins Bewusstsein
geholt. Vesseling ist eine wunderbare Heiltechnik um unseren
›Vessel‹ (Körper) von angestauten Energien die uns schwächen, zu entleeren. Um wieder Klarheit, Ordnung und Sinn im
Leben zu finden und es mit Freude und LIEBE zu leben auf tiefs-
ter Ebene.«
(Quelle: www.energieseherin.info, 10. 06. 2013 – auch die Recht-
schreib- und Kommafehler)

Im »Robinson Club« würde man sagen: »Nehmt die Olle
schnell aus der Sonne – die halluziniert bereits!« Mit dem Ver-
antwortungsbewusstsein eines Bademeisters fragen wir uns:
Wie konnte es so weit kommen?

Auch darüber gibt die Energieseherin auf ihrer Internetseite bereitwillig Auskunft. Und wie so oft war eine Trennung
Auslöser für ihren beruflichen Werdegang. Ihr Mann musste
wohl schon etwas geahnt haben, sonst wäre er ja nicht abge-
hauen. Aber nach drei Fernsitzungen »Vesseling« spürte sie
bereits die positiven Veränderungen in ihrer Gefühlswelt. Ob
das nun daran lag, dass niemand mehr in ihrem Badezimmer
im Stehen pinkelte, ist nicht überliefert, aber wem schon nach
nur drei Fernsitzungen geholfen werden kann, der muss natürlich im Anschluss selbst zum Zauberstab greifen und anderen die schwere Energie aus den Nasennebenhöhlen kratzen.

Jetzt weiß ich ja nicht, liebe Frau Decker, ob bei Ihnen
demnächst eine Trennung ansteht oder Sie generell bereit
sind, erst einmal selbst den Schmerz zu spüren, bevor Sie an-

dere heilen können. Unabhängig von Ihrer Antwort fahre ich erst einmal mit meinen Recherchen fort und begebe mich auf die nächste Internetseite, nämlich auf die, wo zukünftige Energieseherinnen ausgebildet werden.

Auszugsweise findet man da Folgendes:

»Im Basiskurs (Stufe 1 des Vesseling Energieprozesses), der Kursklassiker seit fast 10 Jahren, erkennt der Teilnehmer die tiefen Zusammenhänge zwischen Körper, Seele, Geist, Energie und der Kraft des Jetzt. […] In diesem spannenden Kurs lernt man die ersten Schritte, sich in der unsichtbaren, z.T. mystischen Welt der Energie zu bewegen. […] Viele buchen den Basiskurs, weil er der Kompaktkurs ›überhaupt‹ ist. Sie werden eine außergewöhnliche Woche voller Feierlichkeit, Tiefe und Harmonie in einer liebevollen Atmosphäre erleben. Das erste Lehren von klärender, friedvoller Kommunikation ist auch zentraler Teil dieses Kurses.«
(Quelle: www.vesseling.de, 10. 06. 2013)

Eine Woche voller Feierlichkeiten in liebevoller Atmosphäre. Mit solchen Versprechungen locken auch Swingerklubs ihre Mitglieder auf die »AIDA«, um deftig ums Nordhorn zu blasen. Doch erst mal lesen, wie es weitergeht:

»Mit diesem Kurs beginnt man den traditionelle Weg der Rückverbindung zu den Kräften der Natur. Man lernt Energien zu erkennen, also das erste Sehen von Energien, sie zu deuten (Tracking) und energetische Blockaden aus dem Körper (Vessel) mit den Kräften des Jetzt! zu lösen.

> Das Spüren und Stärken des Energiefeldes durch den ersten
> Schritt der GedankenLos! Meditation ist ein weiteres, zentrales
> Thema dieses Kurses.
> Vesseling ist energetisch ganzheitlich!«
> (Quelle: www.vesseling.de, 10. 06. 2013)

Mit den Kräften des »Jetzt!« Blockaden zu lösen, das lernen
Polizisten auch in ihrer Grundausbildung. Wer sich jetzt noch
nicht fürchtet, nimmt seine ganze Energie zusammen (sofern
er sie sehen und einfangen kann) und liest weiter:

> »Auf den Kursen ist viel Platz für Kreativität. Es wird u.a. auch
> Musik gemacht. Wenn Sie ein Instrument spielen, bringen Sie
> es mit! Was können die Kurse bewirken?
> Mehr Lebensfreude, Leichtigkeit, erhöhte Lebensqualität, prä-
> senter werden, nette Menschen kennen lernen, und vor allen
> Dingen viel Spaß haben.«
> (Quelle: www.vesseling.de, 10. 06. 2013)

Nette Menschen? Viel Spaß haben? Ich bin irritiert, Herr Wester-
beck. Wer also ein Musikinstrument besitzt, kann es mitbringen.
Gilt das auch für Schlagzeuge und E-Gitarren oder beschränkt es
sich lediglich auf Triangeln und Blockflöten? Und was ist, wenn
jemand seinen Namen tanzen kann?

Darf er den dann auch mitbringen? Wie werden schizophrene
Basiskursteilnehmer behandelt? Darf jedes »Ich« ein Instrument
mitbringen oder nur der Schizophrene selbst?

Nur der Schizophrene selbst, aber Napoleon muss zu Hause
bleiben, Frau Decker. Jetzt zu den Kosten.

»Seminar ›Basiskurs/ Vesseling Grundtechniken 1‹:

Seminar inkl.! Unterkunft / Verpflegung:

Preis: € 1499,– (Komplettpreis für 6 Tage, inkl. Seminarge-
bühren!).

Unterkunft / Verpflegung:

kleines Frühstück (Kaffee, Tee, Knäckebrot, Früchte), da der
Morgen mit einer Meditation beginnt

Brunch / Abendessen

Unterbringung im Doppelzimmer.«

Achtung, Frau Decker, jetzt wird es interessant! Unterbringung im Doppelzimmer.

»Unterkunft: Alle Zimmer sind Doppelzimmer bzw. Mehrbett-
zimmer. Ein Zimmer zu teilen, ist für viele neu, aber sehr wichtig für das Kurssetting (mehr dazu bei Ankunft!).

Alle Zimmer sind gleichartig spartanisch eingerichtet. Die Verteilung auf die Zimmer geschieht am Tag der Anreise (Männer/
Frauen getrennt).

Der Fokus des Kurses ist der persönliche Prozess!«

(Quelle: www.vesseling.de, 10. 06. 2013)

Schade. Natürlich ist es für viele neu, sich ein Zimmer zu teilen. Wer an solchen Kursen teilnimmt, ist in der Regel ja so
gestört, dass er noch nie Kontakt zu einem anderen Menschen
hatte. Wie denn auch? Zwischen energiebedingten Blockaden
und dem stetigen Blick ins gleißende Licht bleibt für so etwas
ja auch keine Zeit. Aber warum bitteschön werden Männer
und Frauen getrennt? War vorab nicht von liebevoller Atmosphäre die Rede? Und was bedeutet in diesem Zusammenhang

»persönlicher Prozess«? Wird hier etwa zur Selbstbefriedigung aufgerufen?

> »Was ist mitzubringen?
> Bitte Bettbezug, Kissen, Decke und Handtücher mitbringen!!!!
> Bettzeug kann auch gegen € 5,– vor Ort geliehen werden. Wir werden während des Kurses viel draußen im angeschlossenen Park arbeiten – eine für die Jahreszeit angemessene Kleidung ist zu empfehlen.
> Ein Notizblock wäre äußerst sinnvoll, da nach der Tradition das Seminar ein mündliches und praktisches Seminar ist. Es werden nur wenige Kursmaterialien verteilt.«
> (Quelle: www.vesseling.de, 10. 06. 2013)

1499 Euro und es werden nicht einmal Notizblöcke gestellt? Skandal! »Wenige Kursmaterialien« ist wohl mit dem alten »Neckermann«-Trick »Hotel in Strandnähe« zu vergleichen. Fünf Euro für Bettwäsche ist allerdings fair. Und da die Geschlechter getrennt werden, wird die ja auch nicht so schnell dreckig.

> »Allgemein: Jeder Tag wird eine Morgenmeditation, Lehrstunden, Übungen, Demonstrationen, praktische Übungen beinhalten. Abends (bis ca. 23:00 Uhr) werden wir wundervolle Events in großer Feierlichkeit erleben.«
> (Quelle: www.vesseling.de, 10. 06. 2013)

Ich wäre da ja ein wenig vorsichtig. Der Ausgang einer großen Feierlichkeit hat nicht selten etwas mit der Auswahl von Musikinstrumenten zu tun. Hauen da allabendlich ein paar zittrige Mongos an ihre tibetischen Klangschalen, kann die Stimmung auch mal schnell Richtung ernst zu nehmende Blockade kippen und dann steht schneller die Polizei vorm Wigwam, als einer am Lagerfeuer die Energie erkennt.

> »Eine Rechnung über den Kursbetrag erhalten sie vor Ort zu Seminarbeginn!
>
> Stornierungen: 42 Tage vor Kursbeginn beträgt der Stornierungsbetrag € 50,–. Zwischen 15–30 Tagen vor Kursbeginn beträgt der Stornierungsbetrag 50% der Gesamtkosten. 14 Tage vor Kursbeginn beträgt der Betrag 100 % der Gesamtkosten. Umbuchungen und Abmeldungen von Kursen bitte schriftlich mit allen nötigen Angaben per Post an die Institutsadresse stellen. Die Bearbeitung kann ein wenig dauern.«
>
> (Quelle: www.vesseling.de, 10. 06. 2013)

So, Frau Decker, und schon ist die ganze Romantik am fiskalpolitischen Arsch angekommen. Beim Geld hört nicht nur die Freundschaft auf, sondern beginnt auch bei dem liebevollsten Schamanen der Ernst zwischen all den unentdeckten Energien und mitgebrachten Instrumenten.

So weit zu der Ausbildung. 1499 Euro später wären Sie dann also Energieseherin und könnten beginnen, fremden Menschen neben dem Einbau von doppelverglasten Fenstern auch zu einer energetischen Grundreinigung zu raten. Und das Beste daran ist, dass Sie für eine Einzelsitzung (1,5 Stunden) bis zu 100 Euro verlangen können.

Damit wären Sie bereits nach 15 Sitzungen im Plus. Voraussetzung ist allerdings, dass Sie Ihr Musikinstrument nicht beim Basiskurs vergessen und eigene Bettwäsche mitgebracht haben.

Alles gut und schön, Herr Westerbeck. Ganz erstaunlich, wie respektvoll Sie sich diesem Thema genähert haben. Aber was genau passiert eigentlich bei so einer Sitzung?

Auch da habe ich mich für Sie umgeschaut, Frau Decker, und bin bei einer bereits praktizierenden Seherin fündig geworden, die ihre Tätigkeit in so einer Sitzung wie folgt beschreibt:

> »Ich richte meine ganze Aufmerksamkeit auf Ihr Thema, das sie an diesem Tag bearbeiten möchten. Wenn die Schwere im Raum zu spüren ist erfolgt das Clearing, sie dürfen sich dann hinlegen und müssen nichts mehr tun. Während ich die Blockade in Ihrem Energiefeld löse. Achten sie darauf sich eine dreiviertel Stunde nicht zu bewegen, wodurch sich ihr Energiekörper entleeren kann, im Raum der Stille ohne Wertung. Die Selbstheilungskräfte werden in Ihrem Körper stark aktiviert, viele Menschen spüren während dem Clearing das Lösen der Blockade im Körper.
>
> Nach dem Clearing erfolgt ein vertrauliches Nachgespräch, ich berichte Ihnen über die inneren Bilder und Eindrücke die ich in Ihrem Energiefeld wahrgenommen habe, meist zeigt sich hier schon, das einem das Thema bewusst wird.«
> (Quelle: www.energieseherin.info, 10. 06. 2013)

Vereinfacht gesagt: Patient und Therapeut machen nix, in der Hoffnung, die Schwere des Raumes irgendwann zu spüren. Somit scheidet das Weltall als Behandlungsort schon mal aus. Und danach?

> »Nach dem Clearing muss nichts mehr getan werden. Der energetische Heilprozess vollzieht sich erst über das Energie-

feld, Energiekörper, Seele und dann erst ereicht es unseren
Geist (unser Selbst). Dieser Transformations-Prozess kann Tage
bis Wochen dauern (manchmal braucht es auch 2-4 Wochen).
In denen sich Ihr Körper selbst heilt und sich Ihr Energiesystem
neu ›ordnet‹. Diese Tage können von Leichtigkeit, aber auch
anfangs von Schwere geprägt sein. Möglich ist auch das Ihr
Körper nach Ruhe verlangt und dies auch einfordert.«
(Quelle: www.energieseherin.info, 10. 06. 2013 – auch hier inklusive aller Schreibfehler und eigenartiger Formulierungen)

Ideal. Sollte der Patient nichts merken, kann man sich darauf
berufen, dass das Ergebnis noch mehrere Wochen auf sich
warten lassen kann. Im echten Leben können das nur Handwerker von sich behaupten. Das Beste ist aber der letzte Satz:

»Ich freue mich, wer den Mut hat an seinem eigenen inneren
Prozess zu arbeiten.«
(Quelle: www.energieseherin.info, 10. 06. 2013)

Großartig. So oder so ähnlich könnte man auch eine Magen-
Darm-Spiegelung ohne Narkose bewerben. Im Übrigen wird
»Vesseling« auch als Fernsitzung angeboten. Also per Telefon
oder »Skype«. Das kann sehr praktisch sein. Der Patient bleibt
in seiner »vertrauten Umgebung« und der Energieseher kann
den Jogginganzug anbehalten. Wobei ich mir schon die Frage
stelle, ob es sinnvoll ist, dass die Behandlung für den Patienten
dort stattfindet, wo sein Unheil möglicherweise begann? Was,
wenn er bei einer Fernsitzung genau auf dem Sofa liegt, auf
dem auch sein Partner mit ihm Schluss machte? Oder während der Sitzung heimlich auf alte Familienfotos guckt? Fragen über Fragen. Eines ist aber absolut sicher: Die Telekom

bietet garantiert keinen Tarif an, der die Schwere des Raumes überträgt.

Bevor wir jetzt aber zu hämisch werden und möglicherweise einen ehrenwerten Berufsstand weiter der Lächerlichkeit preisgeben, sei gesagt, dass man folgenden Hinweis auf der Internetseite der Energieseherin findet:

> »Es sei ausdrücklich darauf hingewiesen, dass eine energetische Sitzung keineswegs den Besuch eines Arztes und dessen diagnostischen Tätigkeiten, Behandlungen und Medikation ersetzen kann und dies auch nicht soll. Energiearbeit wirkt immer unterstützend für den Heilprozess.«
>
> (Quelle: www.energieseherin.info, 10. 06. 2013)

Ähmmm, ich bekomme mit Vesseling also mein Selbst geputzt? Einfach, indem ich mich hinlege? Eine Dreiviertelstunde einfach so rumliegen? Ohne sich zu bewegen? Nach 15 Minuten muss ich meinen Leib schon wenden, weil ich sonst Rücken-, Bauch- oder Nackenprobleme bekomme. Spüre ich dadurch besser mein Selbst? Klar, durch Rumliegen ohne mich zu bewegen kommt mir mein Körper 120 Kilo schwer vor. Ist das dann die Schwere? Oder mein Selbst, Herr Westerbeck?

Liebe Frau Decker, gut dass Sie noch mal nachfragen. Grundsätzlich bin ich ja geneigt, unseren lieben Gott bei mir unerklärlichen Dingen zurate zu ziehen, aber in diesem Fall würde selbst der mich wohl nackig ins Fegefeuer schicken. Die Situation ist wirklich verzwickt. Man kann diesen Fensterguckern ja auch nicht das Gegenteil beweisen. So erklären sie selbst auf der Webseite, dass wenn man sich einem Thema energetisch nähert, bearbeitet, es auflöst, dann verschwindet die Schwere.

Verstanden? Nein? Ist nicht schlimm, denn auch mir geht bei so etwas irgendwann die Fantasie aus. Aber grundsätzlich ist schon mal als positiv festzuhalten, dass die Schwere verschwindet. Und wenn es aus dem Portemonnaie ist.

Was dann folgt, ist die Veränderung der inneren Einstellung zum Leben. Zumindest laut Aussage der Energieseher. Damit aber nicht genug. Es ändert sich auch die Einstellung zu anderen Menschen auf der Bewusstseinsebene in Richtung Liebe und inneren Frieden. Da stellt sich mir schon wieder die Frage, warum in den Doppelzimmern zuvor die Männchen von den Weibchen getrennt wurden. Aber sei es drum, innerer Friede soll ja ganz angenehm sein. Zumindest wenn man das passende Musikinstrument mitführt. Das Fazit lautet also:

> »Immer mehr sein ›Selbst‹ leben – durch liebevolle Vesseling-Sitzungen.«
> (Quelle: www.energieseherin.info, 10. 06. 2013)

Die Frage nach dem »Selbst« wird im Übrigen wie folgt beantwortet:

> »Das ist der helle lebensbejahende, fröhliche Teil unseres Körpers. Das sind wir selbst, ohne unser problematisches ›Ich‹ mit unseren fantastischen Fähigkeiten und Talenten. Wenn unser Energiekörper leicht und klar wäre, dann hätten wir ›keine Probleme‹. Wir würden nur positiv denken. […]«
> (Quelle: www.energieseherin.info, 10. 06. 2013)

Frau Decker, halten Sie sich mal kurz die Ohren zu, aber bei Männern heißt das Schniedelwutz!

»Meditation. Ein gelehrter Prozess um den Körper (Gefäß) leicht zu halten. Nicht ohne Gedanken sein, sondern ohne schwere Gedanken. Wenn unser Vessel leicht wäre, würden wir nur positiv denken und hätten keine Probleme.« (Quelle: www.energieseherin.info, 10. 06. 2013)

Piep!, Piep!, Piep! Ich habe die Auflösung: Energieseherinnen arbeiten nach dem Prinzip des männlichen Geschlechtsteils: Ein fröhlicher Teil des Körpers, der entleert nur gute Laune verbreitet! Oder wie es meine Freunde aus der Abteilung »Schabernack« formulieren:

»Der Sinn des Lebens ist nicht das Leben, sondern das, was wir gedanklich daraus machen!« (Quelle: www.energieseherin.info, 10. 06. 2013)

Eigentlich vollkommen richtig, Herr Westerbeck. Deswegen findet der beste Sex ja auch im Kopf statt.

Nun gut. Wenn wir beiden Kupferstecher uns schon mal in die Tiefen der Esoterik verstrickt haben, warum nicht gleich noch tiefer eintauchen in das Mysterium unseres Daseins. Anscheinend können manche Menschen mehr sehen und erahnen, als mein hoffnungsvoller Blick in den Spiegel es je zu deuten vermag. Energie, Charisma – einige sehen sogar die Aura. Wissen Sie, was das ist, Herr Westerbeck? Da sollten wir uns mal schlau machen. Es gibt sogar Aurafotografinnen. Die aus bunten, unscharfen Fotos Geld machen. Und dann den Suchenden sagen, wo der Hase im Pfeffer liegt oder der Frosch die Locken hat. Diese Gattung Frau findet man oft in Esoterikbuchhandlungen an speziell angekündigten Nachmittagen. Angeblich wird man dort fotografiert und bekommt die Gebrauchsanweisung fürs Leben anhand des Fotos mit nach Hause. Eigentlich nicht schlecht. Vor allen Dingen ohne Körperkontakt. Das gefällt mir. Bitte recherchieren Sie, Herr Westerbeck, damit endlich Ruhe ins Deckergebäude kommt.

Au|ra|fo|to|gra|fin; die

Liebe Frau Decker, jetzt wird es langsam unseriös. Außer den Energieseherinnen sieht sonst niemand die Energie. Und jetzt kommen Sie mit Aura und so um die Ecke. Na gut, ich habe heute einen meiner wohlwollenden Tage. Holen Sie den Fotoapparat aus dem Wandschrank und leihen Sie sich das Röntgengerät Ihres Orthopäden aus. Vorausgesetzt, Sie haben einen Orthopäden. Falls nicht, kann Ihnen trotzdem geholfen werden: Ritsch-ratsch-klick und Sie werden Aurafotografin!

Kurz zur Geschichte:

Wie so oft im Leben half der Zufall gehörig mit, als 1937 der sowjetische Elektrotechnik-Ingenieur Semjon Kirlian diese Art der Fotografie entdeckte. Genauer gesagt gelang es ihm bei dem Versuch, einen medizinischen Apparat zu reparieren. Nun muss man selbst kein Ingenieur sein, um sich vorstellen zu können, dass es sich bei Russen ausschließlich um Reparaturversuche handelt und in der Regel immer etwas anderes dabei rauskommt als vorher gewollt. So ist die Kalaschnikow beim Reparaturversuch einer Kaffeemaschine, das Atom-U-Boot durch Reparatur eines Segelschiffs und der geliebte »Lada« durch Umbau eines Fahrrads entstanden. Der guten Ordnung halber sei an dieser Stelle noch erwähnt, dass wenig später auch seine Ehefrau Walentina Kirliana und der Arzt Ruben Stepanow an der Patentierung der technisch korrekt

»Kirlianfotografie« genannten Entdeckung beteiligt waren.

So weit die historische Einordnung, auf deren Basis heute eine Horde durchgeknallter Aurafotografen durch die Weltgeschichte läuft und fremde Menschen an Strom anschließt, um sie danach zu fotografieren.

An Strom anschließen, Herr Westerbeck?

Liebe Frau Decker, das klingt zwar komisch, ist aber so.

Bevor wir zu dem genaueren Berufsbild der Aurafotografin kommen, bedarf es aber erst noch eines weiteren Ausflugs in die Geschichte und damit nach Russland.

Die Technik:

Jetzt wird es etwas komplizierter, aber mit der Vorstellung, dass das ein paar Russen im Wodka-Rausch auch hingekriegt haben, sollte man sich der Sache um des Verstehens willen siegessicher annähern können.

Im Grunde genommen geht es um kleine Gasentladungen, die mittels Fotografie abgebildet werden. Physikalisch betrachtet bedarf es zuvor einer elektrischen Feldstärke (nicht zu hoch – ganz wichtig!), die eine Ionisierung der Gase bewirkt, bevor die Entladung eintritt.

Wie bei einer Blähung, das ist putzig, Herr Westerbeck.

Bitte, etwas mehr Konzentration, Frau Decker. Glimm- und Plasmalampen funktionieren im Prinzip genauso. Auch wenn Sie keine Glimm- oder Plasmalampe zu Hause haben, können Sie an dieser Stelle trotzdem zufrieden und verständnisvoll nicken. (Kriegt ja keiner mit.) Wen jetzt allerdings der Erfindergeist packt, dem sei an dieser Stelle noch mal gesagt, dass die elektrische Feldstärke NICHT zu hoch sein darf. Bei Nichtbeachtung führt man schneller so ein Leben wie Naddel Abd el Farrag als gedacht. Zurück zum Thema.

Diese Entladungen sind nicht an bestimmte Formen oder Materialen gebunden, sondern können von allen elektrisch leitfähigen Materialien ausgehen. Also von Metall zum Beispiel. Aber auch, und jetzt schließt sich langsam der Kreis, von jedem lebenden Organismus. Also auch von Pflanzen, Tieren und Menschen. Von allem Möglichen. Außer von Naddel. Die leitet nichts weiter.

So weit, so langweilig. Nun können aber je nach Oberflächenbeschaffenheit, zum Beispiel durch Ecken und/oder Kanten, die Entladungen in unterschiedlicher Intensität auftreten. Beim Menschen sind es meistens die Finger oder die Füße, an denen »geheimnisvolle Strahlen« auftreten, die dann von Aurafotografen in Richtung »schwere Kindheit« interpretiert werden. In Wirklichkeit sind es einfach nur selbst leuchtende Entladungskanäle infolge einer Gasentladung. Noch mal: Kinder und Frau Decker, die Ladung darf nicht zu hoch sein!

Weitere erklärbare physikalische Beeinflussungen kann man durch Auswahl der Elektrodenform, Verteilung der elektrischen Leitfähigkeit und Feuchtigkeit im Gas vornehmen, ohne wirklich zaubern zu können. Unser Lieblingslexikon fasst die Anwendung von Kirlianfotografie in der Alternativmedizin wie folgt zusammen:

> »Diese Art der Fotografie findet auch in der Alternativmedizin Verwendung, da sie Behauptungen zufolge Rückschlüsse auf die elektrische Leitfähigkeit bestimmter Körperteile erlaube.

Ziel dabei ist, zu beurteilen, ob vermutete energetische Leit-
bahnen, die Meridiane, im Sinne dieser Lehre, blockiert seien.
Fotografiert werden vorwiegend Hände (Fingerkuppen) und
Füße (Zehen), denn nach Vorstellung der Traditionellen Chinesischen Medizin beginnen und enden die Meridiane nach der
Akupunkturlehre an Fingerkuppen und Zehen. Durch den Vergleich der Fotografien von Händen von Personen mit be-
stimmten bekannten Krankheiten und den Fotografien von
Personen, von denen keine Krankheit bekannt war, meinte
man krankheitstypische Abweichungen feststellen und so die
Aufnahmen diagnostisch einsetzen zu können. Daher arbeiten
manche Heilpraktiker mit der Kirlianfotografie als Grundlage
für ihre Anamnese.

Die Anwendung soll zur Diagnostik von Erkrankungen und
zum Nachweis eines Behandlungserfolgs herangezogen
werden. In einem Übersichtsartikel des Deutschen Ärzteblatts
zu komplementärmedizinischen Diagnoseverfahren werden
mehrere Untersuchungen zitiert, die keine diesem Zweck entsprechende Reproduzierbarkeit der Kirlianfotografie ergaben.«

Und, ganz wichtig:

»Wie bei allen Experimenten mit Hochspannung kann es durch
unsachgemäße Anwendung zu Stromunfällen kommen. Besonders gefährdet sind Personen mit Herzschrittmacher oder
Herzschwäche. Bei unzureichender Belüftung können sich
durch den Vorgang der Gasentladung in der Luft schädliche
Gase wie Stickstoffdioxid oder Ozon ansammeln.«
(Quelle: www.wikipedie.de/Kirlianfotografie, 10. 06. 2013)

Sag ich doch! (Bitte denken Sie immer an Naddel.)

Jetzt lassen Sie doch mal die arme Naddel zufrieden, Herr Wester-
beck! Die Welt wäre wirklich ärmer, wenn sie nicht immer wieder
wie ein Medienherpes auftauchen würde. Nun habe ich genug
Theorie gepaukt. Ich finde es ganz lieb von Ihnen, dass Sie bei mir
so viel elektrisches Verständnis voraussetzen, jetzt aber mal zu
dem Berufsbild dieser Auraknipser!

Gemach, gemach, liebe Frau Decker. Es ist in diesem Fall
nicht ganz unwichtig, sich der Sache erst einmal technisch zu
nähern, um den Wahnsinn der Aurafotografen erst richtig zu
begreifen.

Was ist aber eigentlich eine Aura? Die meisten kennen die
Aura anderer Menschen nur aus überfüllten Straßenbahnen:
Schweißgeruch, Alkoholfahne und offene Poren, die Knob-
lauch ausdünsten. Aber auch Stinkefüße, kalter Rauch und
altes Frittenfett im modischen Kurzhaarschnitt gehören dazu.
Mundgeruch, unrasierte Beine und Blähungen fallen hinge-
gen unter »Bald ist Silberhochzeit«.

Bis hierhin ist alles ganz normal. Nun wollen wir uns aber mal
anschauen, wie eine Aurafotografin auf ihrer Homepage in
den gütigen Weiten des Internets die Aura beschreibt:

> »Jedes menschliche Wesen und auch jedes Tier ist von einem
> Wechselspiel sich verändernder Farben umgeben, welches als
> Aura bekannt ist.
> Die Aura ist oval mit dem größten Teil um den Kopf und die
> Schultern und dem kleinsten um die Füße.«
> (Quelle: www.aurafotografie-greiner.de, 10. 06. 2013)

Hä?

Frau Decker, bitte!

»Sie besteht aus Farben, die sich verändern, ausdehnen und zusammenziehen – bestimmt durch unsere Gedanken und Gefühle. Es wird angenommen, dass diese Energiefelder unsere Emotionen, Stimmungen, Gedanken und unseren Bewusstseinszustand widerspiegeln und einen direkten Einfluss auf unser Wohlbefinden und das Wohlbefinden derer haben, die sich in unserer Nähe befinden.

Obgleich sich unsere Aura verändern kann, findet eine deutliche Veränderung erst statt, wenn sich im Bewusstsein oder Leben große Änderungen ergeben oder wenn wir auf Grund unserer Entwicklung in neue Prozesse eintreten.

Auf einem Aurafoto kann man aktuelle Themen, gelebte Muster und Modelle, sowie Emotionen erkennen. Mit den Techniken aus der Persönlichkeitsentwicklung / Omega Health-Coaching kann man diese dann auflösen.«

Großartig!

Das glauben Sie doch wohl selber nicht, Herr Westerbeck. Jedes menschliche Wesen (auch Naddel) ist von einem Wechselspiel sich verändernder Farben umgeben?

Ja schon, Frau Decker, aber nur, wenn man vorher einen LSD-Trip geschmissen hat. Die Aura ist oval ... Das ist gut, dann kann sie schon mal kein Fußball sein. Aktuelle Themen, gelebte Muster und Modelle – das hört sich an wie die große Frühjahrsausgabe der »Brigitte«. Es wird aber noch besser. Hier kommt die Beschreibung der Fotografin, wie die Aura fotografiert werden kann:

»Eine spezielle Aura-Kamera (aus den USA) misst über Silbermetallplatten die Resonanzpunkte der Hände und macht so auf einem Farbfoto den Zustand der aktuellen menschlichen Aura sichtbar.

Dabei untersucht und misst ein Sensor die Schwingungsrate, die das Energiefeld über die Meridianpunkte der Hände aussendet. Diese Reaktionen werden in das Computermodul der Kamera übertragen und in Farben übersetzt, die der Schwingungsrate entsprechen. Diese spezielle Kamera nimmt erst ein Bild von der Person auf und lagert dann das Aurabild über das erste Bild. Dies ist dann ein Aurafoto. Das Herstellen eines Aurafotos ist für alle Beteiligten völlig ungefährlich.«

Aus den USA, Herr Westerbeck? Haben wir nicht eben erst gelernt, dass die Russen das Ding erfunden haben? So kann man schon für schlechte Schwingungen sorgen, bevor der Auslöser gedrückt wurde. Und warum ist es auf einmal ungefährlich? Erstens macht das so keinen Spaß und zweitens auch keinen Sinn. Apropos Sinn, was zeigt uns so ein Aurafoto eigentlich?

Dran bleiben, Frau Decker!

»Anhand der Aurafotografie kann man Muster, Modelle oder Prozesse, die ein Mensch lebt, erkennen und ihm so bewusst machen. Nur dadurch hat er die Möglichkeiten etwas zu verändern. Das Aurafoto zeigt den momentanen emotionalen und mentalen Energiefluss.

Diese Energien sind nicht statisch, sondern fließen. Die Farben der Aura entstehen durch Ihr Bewusstsein und spiegeln die Aktivität Ihrer feinstofflichen Energiezentren (Chakras) wider. Die Form der Aura kann in Größe und Breite variieren. Je größer die

Aura und je intensiver die Farben sind, desto mehr Energie ist
vorhanden und wird auch ausgestrahlt.

Grundsätzlich sollte man die Aura nicht bewerten, denn es gibt
keine gute oder schlechte Aura. Man erkennt aber hohes Ener-
giepotential oder einen Energiemangel des Fotografierten.
Neigung zur Krankheit oder Depression, Wut, Trauer, Angst
oder belastende Erlebnisse aus der Vergangenheit, kann man
in einem Farbspektrum erkennen. Die daraus resultierenden
Erkenntnisse geben die Möglichkeit aktiv noch vorhandene
Schwächen in Stärken umzuwandeln.«

*Oh Mann, das ist jetzt aber doof, Herr Westerbeck. Es gibt also
weder eine schlechte noch eine gute Aura? Warum erfahren wir
das erst jetzt?*

*Und warum wollen dann alle Frauen mit George Clooney
schlafen und keiner mehr mit Naddel? Und vor allem: Warum
macht man den ganzen Quatsch dann bitte? Soll das nun ernsthaft das Ergebnis eines Zufalls aus dem Jahr 1937 in Russland
sein? Ein amerikanischer Apparat stellt fest, dass es keine guten
beziehungsweise schlechten Auren gibt?*

Frau Decker, wenn Sie jetzt das Bedürfnis nach Ihren Anti-
Idiotika haben, schenken Sie sich schon mal bitte einen großen Schluck Wasser zum Nachspülen ein.

Denn immerhin erkennt man das hohe Energiepotenzial
oder andersherum den entsprechenden Energiemangel des
Fotografierten. Prinzipiell ist das schon mal viel besser als
selbiges von dem Aurafotografen zu erfahren – aber mit dem
Wissen, dass man im Vorfeld die Stärke des Energiefeldes
einstellen kann (nicht zu hoch!), ist das doch lächerlich.

Was kostet der energiegeladene Spaß für den auraneutralen Kunden eigentlich, Herr Westerbeck?

Aurafoto	20,00 €
Interpretation ½ Stunde	40,00 €
Interpretation 1 Stunde	80,00 €
Tagessatz für Firmenveranstaltungen, Geburtstage, Events, etc.	650,00 €

(Quelle: www.aurafotografie-greiner.de, 10. 06. 2013)

Naaaa, Frau Decker – wäre das nicht was für Sie? Als Aurafotografin auf Geburtstagen aufzutreten?

Stellen Sie sich bitte diese ungeahnten Möglichkeiten vor, wenn man das Energiefeld, aus Versehen versteht sich, doch einmal zu hoch einstellt!

Nein danke, Herr Westerbeck. Wissen Sie, warum ich aufgehört habe, mich als Sängerin zu verkaufen? Weil ich es satthatte, bei »Tupper«-Partys aufzutreten. Und da werde ich wohl kaum bei Geburtstagen als Aurafängerin mein Unwesen reiben.

Da mache ich lieber ein Ausflugslokal auf, so ein Glas-Bier-Geschäft. »Wer nichts wird, wird Wirt. Und wem's nicht passt, bleibt Gast«, heißt es doch.

Oder Immobilienmaklerin, da muss ich gar nichts können. Nicht mal ein Fernstudium brauche ich, kein Abitur, keine Ausbildung – einfach nichts. Es wäre zuträglich, etwas nett auszusehen und über ein paar gute Manieren zu verfügen. Die habe ich. Wie würde so ein Leben als Immobilienmaklerin für mich aussehen?

Im|mo|bi|li|en|mak|le|rin; die

Na, meine liebe Frau Decker, da haben Sie sich zum Ende unserer Unterhaltung aber ein ganz besonderes Schmankerl ausgesucht und ich weiß auch ganz genau, was Ihnen beim Gedanken an eine Immobilienmaklerin so vorschwebt. Schickes Auto, kurzer Rock und am Ende glückliche Gesichter der Kunden, oder?

Richtig, Herr Westerbeck. Mir ist klar, dass der Beruf der Immobilienmaklerin nicht gerade von Anstand und Moral geprägt ist. Bitte enttäuschen Sie mich nicht. So langsam müssen wir etwas Passendes für mich finden.

Dann holen Sie schon mal Ihre Taschentücher raus, Frau Decker. Die Enttäuschung gehört bei Immobilienmaklerinnen genauso dazu, wie sich eine unverbaubare Lage immer in der Einflugschneise eines Großflughafens befindet. Aber Sie haben recht, wir haben keine Zeit. Ich erspare mir meine Polemik und gönne Ihnen ganz zum Schluss noch mal eine Top 5 – die der besten Makler-Lügen in Zeitungsanzeigen. Damit Sie gleich gut ausgerüstet sind und loslegen können:
1) Zentrale Lage
2) Teilrenoviert
3) Charmantes Liebhaberobjekt

4) Seriöses Umfeld
5) Individuell geschnitten

1) Zentrale Lage
»Die ausgesprochen zentrale Lage ist ideal für alle, die gerne in der Stadt wohnen und ein wenig Trubel vorziehen.

Sollten Sie einmal am Abend spontan ein paar Freunde zu sich einladen, steht Ihnen der 24-Stunden-Supermarkt mit Weinen aus aller Herren Länder zur Verfügung. Das romantische Rattern der S-Bahn lässt alte Kindheitserinnerungen aufleben.«

Das bedeutet in der Realität, Frau Decker, dass der zukünftige Mieter direkt am Ballermann wohnen wird. Die Kneipe im Erdgeschoss, der 24-Stunden-Supermarkt nebenan, ein Spielplatz auf dem Nachbargrundstück und direkt durchs Schlafzimmer fährt die S-Bahn der Linie 5. Noch zentraler kann man nur unter einer Bahnhofsbrücke wohnen.

2) Teilrenoviert
»Liebevoll teilrenovierte Altbauwohnung mit original belassenen Stuckelementen. Das Bad kann nach Wünschen des Mieters/Käufers individuell gestaltet werden. In der Küche ist genügend Platz für einen Tisch und 4 Stühle, ein Balkon mit Südseite bietet schon am frühen Morgen die Gelegenheit, Sonne zu tanken.«

Frau Decker, in der Realität heißt das: Abrissbude. Der zukünftige Mieter/Käufer leidet in spätestens sechs Monaten unter Bronchitis und der Schimmel an den Wänden konkurriert allmorgendlich mit seinem Käsebrot.

In der Küche muss sich die Waschmaschine mit der Spülmaschine und dem Toaster eine Steckdose teilen. Im Bad befinden sich eklatante Mängel im Nassstreckenbereich. Bedeutet, wenn der Bewohner einmal pupst, fallen die Fliesen von der Wand. Das zieht nach sich, dass er noch mal drei Monatsmieten in einen unzuverlässigen Schwarzarbeiter stecken muss. Zuzüglich Material. Nach einem Jahr muss er den gleichen Betrag für einen Handwerker mit Firma ausgeben, der den Pfusch vom Schwarzarbeiter beseitigt.

3) Charmantes Liebhaberobjekt
»Für Individualisten! Ein Kleinod der Gemütlichkeit sucht verträumten Käufer, der seine Vision vom einzigartigen Wohnen verwirklichen will. Das Objekt bietet genügend Platz, um Ihre Wünsche zu verwirklichen.«

Frau Decker, Liebe macht ja bekanntlich blind. Und in diesem Fall wird sich der zukünftige Käufer wünschen, wirklich blind zu sein, wenn er tagaus, tagein die Drecksbude angucken muss, die er der Immobilienmaklerin aufgrund ihrer blauen Augen abgekauft hat. Da bleibt dann nur noch eine warme Sanierung. Bedeutet, ein Kumpel steckt das Ding einfach an!

4) Seriöses Umfeld
»Willkommen im Bildungsbürgertum. Nicht Sie suchen das Objekt, sondern das Objekt sucht Sie. Lassen Sie sich im Umfeld von Ärzten, Apothekern und Bankvorständen nieder. Drei Argumente sprechen für sich: die Lage, die Lage und die Lage.«

Das wird Ihnen jetzt gefallen, Frau Decker. In Wirklichkeit heißt das nämlich: willkommen in der Hölle! Zu den neuen Nachbarn des Mieters/Käufers werden übel gelaunte Rentner, nervige Lehrerehepaare und Rasenmäher-Nazis gehören, die samstagmorgens Punkt neun Uhr ihre Knatterkisten anschmeißen, um dem letzten bisschen Natur den Garaus zu machen. Wenn es gut läuft, wird der neue Nachbar nur dreimal im Jahr angezeigt, aber seinem nächtlichen Saufbesuch werden regelmäßig die Reifen zerstochen.

5) Individuell geschnitten
»Dieses Objekt lässt jedes Architektenherz höher schlagen: Einzigartige Raumideen treffen auf originelle Verwirklichungen in der Gestaltung Ihres zukünftigen Zuhauses. Die Statik lässt weitere Visionen des glücklichen Erwerbers zu.«

Frau Decker, Sie ahnen es bereits. Auch hier wird nicht alles Gold sein, was um das Umfeld des Begriffs »Architekt« glänzt. Konkret bedeutet »individuell geschnitten« für den zukünftigen Mieter/Käufer, dass es die in der Anzeige angegebenen Quadratmeter nicht mal annähernd gibt: Die Schrägen wurden nicht abgezogen, der Balkon voll der Wohnfläche zugerechnet und zwei Drittel des extrabreiten Bürgersteigs auch. Darüber hinaus kann die Wohnung nur mit Helm betreten werden, da überall irgendwelche Balken verbaut wurden, um die Bruchbude vorm Einstürzen zu bewahren.

Und eines dürfen Sie auf keinen Fall vergessen, liebe Frau Decker. Je luxuriöser die Wohnungen sind, je schöner das Auto der Maklerin und vor allem je kürzer ihr Rock – desto größer ist die Wahrscheinlichkeit, dass diese Parkettbumser zu Hause den Kitt aus ihren Fenstern lutschen, da sie in neun von zehn Fällen total pleite sind.

Lieber Herr Westerbeck, bei allem Respekt für Ihre entwaffnende Ehrlichkeit, aber soll es das jetzt gewesen sein? Sie machen mich traurig. Gibt es denn wirklich keinen Job für mich?

Oh, ich möchte alles, aber eines garantiert nicht: Sie traurig machen, Frau Decker. Immerhin sind Sie mir im Laufe unserer gemeinsamen Zeit richtig ans Herz gewachsen. Auch habe ich eine Menge von Ihnen lernen können. Zum Beispiel, dass Ihre Oma den Tagesschausprecher nur in frisch gestärkter Bluse in ihr Wohnzimmer gelassen und ordnungsgemäß zurückgegrüßt hat. Sie hatten an dieser Stelle eigentlich schon recht. Das können die jungen Dinger doch gar nicht mehr. Und ehrlich gesagt, ist mir eine Frau wie Ihre Oma auch dreimal lieber als achtelprominente Schmuckdesignerinnen, die Lallen für eine Fremdsprache halten. Sie werden, auch ohne dass ich Ihnen helfen konnte, zurechtkommen, liebe Frau Decker. Zum Abschied möchte ich Ihnen noch aus meiner Sicht als Mann beschreiben, welchen Beruf ich für Frauen erstrebenswert halte.

Das Grauen hat viele Gesichter, Herr Westerbeck, zeigen Sie es mir, auch wenn mir nicht ganz wohl dabei ist.

Ost|eu|ro|päe|rin; die

Bevor jetzt hier jemand korrigierend eingreifen möchten, will ich gleich zu Beginn dieses Kapitels festhalten, dass ich sehr wohl weiß, dass »Osteuropäerin« im weitesten Sinne nicht unbedingt als sozialversicherungspflichtiger Beruf gilt. Gleichzeitig bitte ich Sie aber auch zu bedenken, dass es die Bezeichnung »Zahnarztgattin« immerhin bis in die Fernsehwerbung und »Schmuckdesignerin« bis auf die Ehrentribünen der ersten Fußballbundesliga geschafft hat. Darüber hinaus möchte ich auch explizit betonen, dass die »Russin« ebenfalls mit in dieses Kapitel fällt, beziehungsweise ihr die Eröffnung der Berufsbeschreibung gebührt, weil um sie herum eine deutsche Hauptstadtlegende rankt.

Aus meinen gewohnt gut informierten Kreisen und anhand nachrichtendienstlich erforschter Gerüchte kann ich berichten, dass angeblich jeden Monat um die 30 000 Russinnen während ihres Eisprungs von ihren treu sorgenden Eltern an Berliner Hotelbars gesandt werden, um dort den Mann fürs Leben kennenzulernen. Das muss die weltberühmte russische Seele sein, von der man so oft hört. Davon aber einmal abgesehen, gibt es für diese Theorie einen Beweis. Leider nicht in der deutschen, dafür aber in der englischen Hauptstadt. Und wie es sich für eine gute Geschichte zwischen unser beider Nationen gehört, gibt es strahlende Helden, unglückliche Verlierer und in diesem Fall knallte der Ball nicht hinter oder vor irgendeine Torlinie, sondern direkt an die Latte. Ein Lattenknaller sozusagen.

Mutter dieses Eisprungtourismus ist Vorzeigerussin Angela Spermakowa, Entschuldigung Ermakova, die unserem deutschen Tennisheld Boris Becker einen Netzroller abrang, der zuerst als Samenraub und dann als lupenreines Ass innerhalb einer Besenkammer in die Geschichte des perfekten Moments finanzieller Sorglosigkeit einging.

Ich wusste, dass Ihrerseits noch so etwas kommt, Herr Westerbeck. Sie sind am Ende dann doch sehr durchschaubar. Aber ich mag die Art, wie Sie denken. Fahren Sie fort. Aber reicht es denn, Östrogene Richtung Hotellerie auszurichten, oder muss man sich noch anderweitig vorbereiten?

Gut, dass Sie nachhaken, Frau Decker. Und ganz nebenbei bemerkt, mag ich auch Ihre Art zu fragen. Nein, die alleinige Ausrichtung auf Bars und Hotellobbys reicht natürlich nicht aus. Vielmehr liegt das Geheimnis des Erfolgs in der Vorbereitung der Osteuropäerinnen. Fangen wir bei der nicht unerheblichen, körperlichen Beschaffenheit an. Während deutsche Frauen die 100-Gramm-Einteilung in erster Linie durch die Verpackungseinheit von Vollmilchschokolade kennen, teilt sich die Osteuropäerin ihr Gesamtkörpergewicht danach ein. Das kommt bei den Männern gut an. Insbesondere bei den verheirateten. Diese erkennen in neun von zehn Fällen, außer sie sind mit Nazan Eckes verheiratet, nur, dass sich ihr tägliches Gegenüber reichlich »Maggi« in die versalzene Erbsensuppe mit Fleischeinlage kloppt, während die Osteuropäerin »Maggi« maximal auf ihre Kosmetiktücher träufelt, um sie dann blättchenweise als Hauptmahlzeit einzunehmen.

Gleiches gilt für Orangensaft. Wo sich die deutsche Ehefrau noch würfelzuckerweise Onkel »Dittmeyers« Fruchtsaft nachsüßt, tunkt die Osteuropäerin Wattestäbchen in die orangefarbene Flüssigkeit, um sie dann über Wochen verteilt figurbewusst auszusaugen. Diese Methoden, inklusive abends keine hellen Soßen, geben den entscheidenden Ausschlag, um an der Hotelbar die operierte Nasenlänge Vorsprung zu haben. Nicht zu vergessen sind natürlich auch die operierten Brüste, die bei osteuropäischen Frauen immer noch einen höheren Stellenwert als das Abitur und im Verhältnis zum Gesamtkörpergewicht einen höheren Anteil als der Rest haben müssen. Sonst können sie sich das Zugticket nach Berlin gleich sparen.

Als Mann kann ich relativ gut beurteilen, auf welche mathematischen Knöpfe Frauen drücken müssen, um unsere ungeteilte Aufmerksamkeit zu bekommen. Und dazu gehört nun mal der Quotient aus Größe der Brüste im Verhältnis zum Hintern, der idealerweise sehr klein sein sollte. Sonst geht die Gleichung leider nicht auf.

Das ist doch reine Spinnerei von Ihnen, Herr Westerbeck. Oder Wunschdenken.

Okay, Sie haben recht, ich kann manchmal nicht richtig aus meiner Haut. Aber das soll jetzt auch mein Stichwort sein, um zum Ende dieser Lektüre einmal den »Mann« in »Lassen Sie mich durch, mein Mann ist Arzt!« näher zu beschreiben. So klein wie der Hintern osteuropäischer Frauen sein sollte, so klein ist in jedem Fall das Gehirn vieler Männer, wenn es um

Frauen geht. Oder anders gesagt: Je größer die operierten Brüste der Frauen im Arm dummer Männer sind, desto kleiner ist deren Fähigkeit, mit einer im westeuropäischen Wertesystem als »normal« geltenden Frau umzugehen. Wenn die Königsberger Klöpse nicht mehr größer als Gummibärchen, die Fingernägel dafür aber länger als Skistöcke sind und Peter Zwegat ihnen bei Facebook eine Freundschaftsanfrage gestellt hat, wünschen sich neun von zehn Männern ihre alte Frau zurück. Auch wenn die etwas seltsam ist.

Herr Westerbeck, dazu kann ich nur sagen: Frauen sind auch nur Männer.

Frau Decker, ich wusste, Sie werden das letzte Wort haben.

Richtig!

ENDE

Zuschriften einzelner Leser

»Gabi Decker und dieser Herr Westerbeck gehören mal ordentlich verprügelt. Ich habe meinen Beruf an der staatlichen Bronze-, Silber- & Goldschule (BSGS) in Pforzheim erlernt und im Abschlussjahr 1982 mit Auszeichnung bestanden. Seither verdiene ich damit redlich meinen Lebensunterhalt und konnte mir vor 15 Jahren den Traum einer eigenen Goldschmiede erfüllen. Ich zahle Steuern, beschäftige drei Mitarbeiter und habe erfolgreich mein Eigenheim finanziert. Wie kann man den Berufsstand der Schmuckdesignerin nur so verhöhnen? Wir sind nicht alle so wie Jenny Elvers-Elbertzhagen. Ich persönlich fühle mich nämlich eher wie Katarina Witt. Das kann aber auch daran liegen, dass ich lieber Schlittschuh fahre als Alkohol trinke.« Anna S. (49) aus Köln

»Dieses Buch ist eine einzige Frechheit. In Zeiten einer stark übergewichtigen Nation, zuckerkranker Kinder und einer stetig steigenden Anzahl von Lebensmittelunverträglichkeiten bei Risikoschwangerschaften ist es einfach nur mehr als unverantwortlich, sich über die Gilde der Ernährungsberater lustig zu machen! Was soll das bitte? Ich habe Herrn Westerbeck schon einmal im Fernsehen gesehen und ehrlich gesagt sieht er nicht besonders gesund ernährt aus. Leider hatte er lange Hosen an, denn meine

Vermutung lautet, dass er Wasser in den Beinen hat. Er sollte sich schämen!«

Roswitha K. (31) aus Würzburg

»Wollen wir wirklich eine Gesellschaft, die sich zynisch über das Handwerk der Nageldesignerin auslässt? Ist das unser neues Verständnis von Menschlichkeit? Sind dafür Generationen von Frauen auf die Straße gegangen? Ich betreibe ein Nagelstudio in dritter Generation und bin mittlerweile in Innenstadtlage angekommen. Dafür habe ich kämpfen und kleben müssen. Tag und Nacht. Wenn ich die Ausführungen der Autoren über mein Berufsbild lese, schlafe ich schlecht. Ich habe meinen Kundinnen verboten, das Buch zu lesen!«

Jenni G. (24) aus Magdeburg

»Die Autoren haben völlig recht. Hundetrainerinnen sind blöd. Hunde auch.«   Manfred H. (82) aus München

»Mein Verhältnis zu Pferden bleibt trotz dieses Buches weiterhin gut. Ich finde, dass man sich über Pferde auch nicht lustig machen sollte. Immerhin können sie sich nicht wehren. Außerdem habe ich noch nie gehört, dass Pferde sich über Menschen lustig machen. Ganz im Gegenteil. Pferde haben den Menschen immer schon geholfen. Erst als Nutztiere, dann in der Freizeit. Also in der Freizeit von den Menschen. Pferde haben nämlich nie Freizeit. Immer müssen sie da sein, wenn der Mensch sie ruft. Oder Zucker fressen.«   Monika T. (46) aus Hamburg

»Jahrelang litt ich unter Burn-out ähnlichen Zuständen. Meist trat die fürchterliche Krankheit abends ein. Dann bin ich total erschöpft auf dem Sofa eingeschlafen und konnte die ›Harald Schmidt Show‹ um 23:15 Uhr nicht mehr gucken. Wach geworden bin ich dann erst wieder morgens. Aber an Ausruhen war nicht zu denken. Nach dem Aufstehen musste ich sofort wieder zur Arbeit. In dieser Mühle war ich also gefangen: aufstehen, arbeiten, nach Hause kommen, einschlafen usw. Nur an den Wochenenden ging es mir richtig gut. Dank einer MBSR-Therapie konnte ich den Teufelskreis durchbrechen und habe mich auf Anraten meiner Therapeutin arbeitslos gemeldet. Jetzt kann ich abends so lange Fernsehen gucken, wie ich will. Den Autoren wünsche ich alles Schlechte. Wer sich über MBSR-Therapien lustig macht, ist nämlich nicht normal.«

Detlef K. (56) aus Jena

»Ich habe mir nach einer durchzechten Silvesternacht 2007 den großen Zeh an der Türzarge meiner Hotelsuite in Düsseldorf gestoßen. Anfänglich dachte ich noch, dass der Riss im Nagelbett von selbst verheilen würde und bin abends sogar noch tapfer zum Neujahrskonzert der Philharmoniker in die Rheinterrassen gegangen. Doch Pustekuchen: Es wurde immer schlimmer und die Schmerzen zwangen mich, das Konzert schon nach dem zweiten Akt vorzeitig zu verlassen. Da ich der Dirigent war, handelte es sich ausdrücklich gesagt nicht um eine Lappalie. Der Concierge im Hotel rief mir eine mobile Fußpflegerin und innerhalb von Minuten behandelte sie meinen Zeh. Ich kann beim besten Willen kein Verständnis dafür aufbringen, dass Gabi Decker und Jens Wester-

beck voller Ironie berichten, anstatt solche Geschichten
zu erzählen, wie ich sie erlebt habe.«

Justus F. H. H-G (62) aus Mainz

»Ich habe auf einer New Yorker Kunstausstellung 1942
das Erstlingswerk eines seinerzeit unbekannten Malers
erworben und damit die wohl bedeutendste Ausstellung der Jetztzeit in Westeuropa hinter dem Louvre be-
gründet. Darüber hinaus habe ich zwei Kunstfälscher
eigenhändig mit einer von mir entwickelten Methode zur
Bestimmung von Altersflecken in Aquarellen hollän-
discher Impressionisten zur Strecke gebracht und die
Witwe eines Bildhauers in dessen Atelier gevögelt. Und
zwar vor dessen Tod. Die Autoren haben völlig recht:
Galeristinnen braucht kein Mensch.«

Graf Conrad von Y. (94) aus Baden-Baden

»Ich leite seit Jahren die Leistungsgemeinschaft Hansa-
straße. In diesem Verbund des Rostocker Einzelhandels
oben genannter Straße kümmere ich mich um die linksseitig, in Fahrtrichtung anliegenden Geschäfte und bin schon
sehr verwundert, in welcher Art und Weise die Autoren
sich über Teeläden, Wollstübchen und Secondhand-Desig-
nershops auslassen. Wir liegen zugegebenermaßen touris-
tisch begünstigt innerhalb des Ostsee-Indexes für Neu-
gründungen im oberen Drittel der koaxial berechneten
Diagrammkurve und können keine Anzeichen für erhöhte
Schließungen aufgrund von Erfolgslosigkeit erkennen.
Zumindest wenn man als dritten Vergleichsfaktor im unteren Parameter das hier anzuwendende Modell der nordfrie-
sischen Inselgruppen in das Erfolgsfenster des ersten

Quartals mit hinzuzieht. (Vom hessischen Modell der Quadratmeteranalyse in blockweiser Anhebung der Kopfsteinpflasterdichte distanziere ich mich in aller Deutlichkeit!) Nächste Woche organisiert meine Leistungsgemeinschaft ein Straßenfest mit kostenloser Hüpfburg für Kinder, subventionierter Bratwurst und Küstennebel-Fanta im Sonderverkauf zu 1,50 Euro je 0,33-Liter-Becher (pfandfrei). Dazu möchte ich die Autoren herzlich einladen!«

Mandy S. (42) aus Rostock

»Hahaha – Herdprämiere, super Witz. Kindergeld – noch lustiger! Rente, Düsseldorfer Tabelle – ist Frau Decker und diesem unsäglichen Herr Westerbeck denn gar nichts heilig? Ich empfehle den beiden mal einen 14-tägigen Aufenthalt in Honolulu – dann lernen sie die deutsche Gesetzgebung wieder schätzen. Pack!«

Dr. Jakob F. (52) aus Bonn

»Glückwunsch, liebe Frau Decker, Glückwunsch, lieber Herr Westerbeck! Ihre Ausführungen über das Düsseldorfer Kö-Weibchen sind absolut treffend. Weiter so!«

Karl-Heinz H. (46) aus Köln

»Es gibt genügend Probleme auf dieser Welt. Das Delfinsterben, eine immer weiter fortschreitende Altersarmut und unsägliche Arbeitsbedingungen für die Arbeiter in indischen Textilfabriken. Sollte uns da die Pflege von zwischenmenschlichen Beziehungen nicht mehr wert sein als ein paar herablassende Worte über Paartherapie wie durch Decker und Westerbeck geschehen? In meiner paartherapeutischen Praxis behandle ich seit 14 Tagen Menschen ganzheitlich und unter Einbeziehung der globalen Erderwärmung und explodierenden Benzinpreise an Autobahnraststätten. Dieser einzigartige Ansatz hat mir immerhin schon einen doppelseitigen Bericht in der ›Therapie heute‹ (Ausgabe 09 | 2013) eingebracht. Davon sind die Schmierfinken dieses Buchs noch weit entfernt.«

Isolde Maria G. (64) aus Kufstein

»Ich habe in der Spätphase meiner Pubertät ›Pretty Woman‹ im Kino gesehen und wusste seitdem, dass ich unbedingt Nutte werden wollte. Diese schönen Kleider, die hohen Schuhe und die Aussicht auf Sex mit Richard Gere ließen mich sofort die Schule abbrechen und auf den Straßenstrich gehen. Es war die schönste Zeit meines Lebens. Ich hielt mich von Drogen und Zuhältern fern, arbeitete schon bald in einem Bordell und drei Schwangerschaftsabbrüche später war ich am Ziel meiner Träume: Escortlady. Das ist nun alles schon ein paar Jahre her, aber als ich in diesem Buch das Kapitel über meinen Berufsstand entdeckt habe, kamen diese schönen Erinnerungen sofort zurück. Dafür möchte ich den beiden Autoren danken!«

Anette T. (40) aus Koblenz

»›Abends werden die Faulen fleißig ...‹ – diesen und andere Sätze musste ich mir aus meinem Freundeskreis anhören, als ich mich zu meiner ersten Weiterbildung bei einer Fernuniversität einschrieb. Heute zeige ich mit dem nackten Finger auf diese ›Freunde‹ und kann mich nur köstlich amüsieren, wenn ich in meinen roten Ferrari einsteige, um aktuelle Kontoauszüge von der Bank zu holen. Kurz nach meinem Lehrgang zum eidg. dipl. Heizungsmeister habe ich nämlich im Lotto gewonnen und seitdem können mich alle am Arsch lecken!«

Reto N. (22) aus Bern

»Ich habe einen Mann geheiratet – und keinen Ball! Warum treten die Autoren nur so auf Fußballern und deren Frauen rum? Wir führen jedenfalls eine glückliche Ehe. Ich weiß nicht, ob das Gabi Decker und Jens Westerbeck auch von sich behaupten können. Außerdem soll Jens Westerbeck schwul sein. Sagt mein Mann.«

Simone L. (28) aus Tegernsee

»Ich höre sofort auf, über Mode im Internet zu schreiben. Die Autoren haben mir die Augen geöffnet. Meine ganzen hippen Freunde und ich sind in Wirklichkeit arme Säue, die nichts gelernt und auch eigentlich den ganzen Tag nichts zu tun haben. Außer das Internet mit schwachsinnigen Wortbeiträgen zuzumüllen und auf der Datenautobahn permanent mit 120 km I h links zu fahren. Ich melde mich noch heute beim Amt und probiere es in Zukunft mit Arbeit.«

Natty Blog Nash Z. (17) aus Berlin

»Super Artikel über die kack Bazis mit ihren blondgefönten Zahnarztfrauen. Die rubbeln so lange an der Pflaume im Speckmantel, bis jeder Verwandte dritten Grades eine Freifahrt auf der ›MS-Europa‹ gewonnen hat. Dieses ›Mia san mia‹-Gebrabbel sollen die meinetwegen im Ziegenstall machen, aber den Rest von Deutschland in Ruhe lassen. Heja BVB!«

Norbert F. (43) aus Dortmund

»Aus dem Süd-Westen erwartet uns ein Azorenhoch, das das Tief über dem östlichen Teil Deutschlands weiter Richtung Russland drücken wird. Somit erwartet uns am Wochenende überwiegend Grillwetter mit ein paar Schauern linksseitig des Rheins gegen Abend. In der Nacht sternenklar mit einzelnen Gewittern in den Alpen. So weit die Aussichten. Kommt das Azorenhoch allerdings nicht, weil es zum Beispiel keine Lust, keinen gültigen Pass oder eine Geliebte im Golfstrom hat, weitet sich das Tief aus dem Osten weiter Richtung Westen aus und sorgt für ein verregnetes Wochenende.«   Claudia T. (35) aus Mainz

»2, 4, 7, 16, 25, 38 und die Zusatzzahl lautet 8. Alle Angaben ohne Gewehr. Peng!«   Lulu G. (63) aus Köln

»Das rote ›NDR DAS! Sofa‹ ist ein fester Bestandteil der Vorabendunterhaltung im öffentlich-rechtlichen Fernsehen. Die langjährige Zuschauerbindung, die guten Werte in der Marktforschung und eine außerordentlich gute Auslastung bei den Praktikumsplätzen garantieren dem DAS! Team auch weiterhin bedingungslose Sendesicherheit. Einzig das Fehlverhalten der prominenten Gäste hat die Intendanz in der letzten turnusmäßig stattfindenden Sitzung zum Nachdenken animiert. Die Folge ist ein striktes Verbot von Kuhmilch in Erfrischungsgetränken aus den Automaten der Kantine. Ausgenommen sind lediglich die fettfreie Fleischbrühe sowie sämtliche Waren aus dem heißen Schacht. Die neuen Formulare wurden bereits erfolgreich in Umlauf gebracht.«   Anonym

»Wo fängt Wellness an und hört Urlaub auf? Unter welches Solarium wäre Nelson Mandela gegangen? Brennen die Augen auch beim Fußbad? Hat Franziska van Almsick noch immer Wasser im Ohr? Kann ich als Atheist auch auf ein Kreuzfahrtschiff? Wie oft darf ich mich am Tag massieren lassen? Nimmt man durchs Pickelausdrücken ab? Und wenn ja: morgens oder abends? Soll man die Gurkenmaske salzen oder reicht es, sich zwei Knoblauchzehen in die Nasenlöcher zu stecken? Ist es gesünder, das Gehirn in der Umkleide zu lassen oder kann man es ohne Bedenken mit in die Sauna nehmen? Liebe Frau Decker, da Ihr Herr Westerbeck offensichtlich unfähig ist, möchte ich Ihnen mit oben gestellten Fragen gerne einen Einblick in das Leben einer Wellnessberaterin geben. Ich würde mich freuen, wenn Sie diesen Beruf ergreifen würden. Mit kollegialen Grüßen.«

Betty O. (52) aus Jena

»Ganz ehrlich: Natürlich braucht kein Mensch eine Farb- und Stilberaterin. Es braucht aber auch niemand Delfine, die im Zoo gefangen sind. Oder Berggorillas, die im Tal leben. Selbiges gilt für die Flamingos bei ›Miami Vice‹. Aber das werden die Autoren nie verstehen.«

Jessica R. (28) aus Kiel

»Dessous-Partys sind geil!«

Jochen A. (42) aus Magdeburg

203

»Ich habe Dinge gesehen, die nicht erklärbar sind. Ich habe Sachen gemacht, die nicht erklärbar sind. Trotzdem habe ich verstanden: Die Energie führt uns dahin. Natürlich nicht jeden. Man muss bereit sein. Man muss es wollen. Bedingungslos. Ich wünsche den Autoren bei ihrer Reise zu sich selbst alles erdenklich Gute.«

Sieglinde W. (56) aus Gelsenkirchen

»Ich habe in meinem ganzen Leben noch nie so einen Schwachsinn über Aurafotografie gelesen wie in dem von Decker und Westerbeck publizierten Buch. Deren Gehirn würde ich gerne mal röntgen. Und zwar ohne Narkose.«

Renate L. (56) aus Karl-Marx-Stadt, heute Chemnitz

»Ich bin selbst Eigentümerin einer luxussanierten Altbauwohnung für Schnellentschlossene in bester Citylage mit optimaler Verkehrsanbindung trotz unverbaubaren Blicks und im seriösen Umfeld. Außerdem habe ich sie mir selbst zu einer Courtage von nur 3,57 Prozent abgekauft, anschließend vermietet und steuerlich im Rahmen eines Bauherrenmodells optimiert. In Kürze beantrage ich die Denkmalschutzförderungen und installiere eine Solaranlage auf dem Briefkasten. Was wollen die Autoren eigentlich?«

Sybille G. (38) aus Timmendorf

»Kommt mein Mann am Abend nach Hause, steht sein Lieblingsessen auf dem Tisch. Hat er Lust auf Sex, trage ich seine Lieblingsdessous. Ich bin Hausfrau und Hure. Nur seine beste Freundin bin ich nicht.«

Olga L. (19) aus Moskau

Was wurde aus den Autoren?

Gabi Decker betreibt seit Veröffentlichung von »Lassen Sie mich durch, mein Mann ist Arzt!« ein Nagelstudio in bester Innenstadtlage im Westen von Berlin. Bis heute wartet sie auf ihre erste Kundin. Das Verhältnis zu ihrem Co-Autor Jens Westerbeck gilt als gespalten, da er sie lieber als mobile Fußpflegerin gesehen hätte.

Letztendlich verhinderte aber ein mobiler Blitzer mit anschließendem Verlust des Führerscheins diese berufliche Ausrichtung. Als besonders ärgerlich ist wohl der Umstand dieser folgenschweren Fahrt zu werten, da sie sich zum Zeitpunkt der Polizeikontrolle auf dem Weg zu einer Aurafotografin befand und so wohl nie erfahren wird, ob man die Menge elektrische Ladung auf dem Aurabild einwandfrei hätte erkennen können. Darüber hinaus arbeitet Frau Decker an der Fortsetzung des TV-Formats »Pferde, Promis & Prosecco«, dem sie auf der Meta-Ebene eine Inspiration durch Einbindung von Islandponys geben möchte.

Ihrem Privatleben konnte die Autorin einen neuen Kick verleihen, indem sie in Monaten mit dem Buchstaben »R« auf die Bestellung von Blumenerde und Fidschi-Wasser bei »Amazon« konsequent verzichtet. Außerdem plant sie einen Wellnessaufenthalt im östlichen Teil von Osteuropa unter Einbindung eines Azorenhochs – vorausgesetzt, die Lottozahlen stimmen.

An Wochenenden wird sie vermehrt in Fußballstadien gesichtet und erste Autohäuser berichten über ein grundsätzliches Interesse Frau Deckers an dem Erwerb eines Geländewagens. Sofern sie den Idiotentest besteht.

Jens Westerbeck betreibt seit Veröffentlichung von »Lassen Sie mich durch, mein Mann ist Arzt!« ein veganes Wollstübchen in miesester Randbezirkslage im Osten von Berlin. Bis heute wartet er auf die erste Kundin. Das Verhältnis zu seiner Co-Autorin Gabi Decker gilt als ausgesprochen gut. So erzählt er es jedenfalls gerne und laut in den Gruppensitzungen einer kürzlich angefangenen Paartherapie, an der er ungewöhnlicherweise als Single teilnimmt. Dass Frau Decker nicht mehr auf seine Anrufe reagiert, erklärt er sich mit ihrem Terminstress als angesagte Nageldesignerin. Gerne würde er ihr noch erklären wollen, dass seine Teilnahme an einer Ernährungsberatung von den anderen Teilnehmerinnen abgelehnt wurde, weil er in Dessous erschien.

Als Nächstes plant er einen Auftritt beim roten »NDR DAS! Sofa«, um auf Laktoseunverträglichkeiten bei Delfinen hinzuweisen, die tagsüber in Kuhmilch gehalten werden. Für einen Bildband zu diesem, nach seinen Worten »ins Mark der rückgratlosen Gesellschaft« gehende Thema sucht er aktuell noch einen Verlag.

Sein Privatleben bereichert eine 104-jährige Energieseherin, die durch Einbindung einer Induktionsschleife unterhalb des linken Schulterblatts seine Erektionsstörung erfolgreich behob. Des Weiteren plant er eine bewusstseinserweiternde Reise zu einem Schamanenstamm ins Silicon Valley, sofern es die Induktionsschleife durch den Zoll schafft.